U0144996

科技部人文及社會科學研究成果推廣叢書

# 迷戀時光
# 時尚與藝術

# Art&Fashion

時尚與藝術，是流俗還是特立獨行？
我們如何看待藝術與時尚的關係？

蔡依雲　著

# 目　次

# Chapter 7　時尚返璞記

# 抵達：二十一世紀的地球村　

# 參考書目　

# 延伸閱讀

# 出發：十九世紀的法國巴黎

　　早在十八世紀，由路易十四創造出來的宮廷時尚、藝術文化、科技發明，就已經使法國宛如一顆耀眼璀璨之鑽，既奪目又堅實，且深遠地影響歐洲文明。若要敘述這一類自上而下影響的藝術、時尚範例，也不僅僅發生在法國，東方帝王窮眾人之智慧財力打造的時尚與藝術史，更是卷帙浩繁。因此，我打算從一個影響現代世界的變動開始說起──也就是十九世紀中產階級的誕生。

　　本書〈雲裳與花容〉，以精簡的篇幅向讀者介紹藝術的觀念。什麼是藝術？為何有工藝與藝術的區別？吃穿用度的一切如何成為引領時尚的潮流？

　　〈巴黎拱廊街〉藉著一本小說與一幅肖像畫，帶領讀者們遊逛十九世紀初的巴黎拱廊街，同巴黎新興的中產階級挨蹭著，端詳櫥窗裡的物品，偷瞥櫥窗玻璃映照的紅男綠女。

　　〈美好出艱難〉，十九世紀中葉的巴黎，正要經歷奧斯曼大刀闊斧改造，左拉在他的小說《婦女樂園》裡，以鉅細靡遺的寫實妙筆為我們描繪出世界第一座百貨公司，這座婦女樂園，正是工業革命大量生產的資本主義社會的縮影。

〈時尚愛藝術〉思考「現代」是什麼呢？藝術史學家們可能會給我們一百個不同的定義。我將介紹重量級學者彼得 · 蓋伊對現代藝術的見解，也會帶領讀者從印象派的畫作、歐仁尼皇后的衣櫃、葛楚德 · 史坦的客廳、香奈兒的工作室，一路來到賈桂琳 · 甘迺迪的更衣間，一覽二十世紀初藝術時尚與商業消費交織的情景。

關於〈跨界與山寨〉，你看過馬諦斯、畢卡索的畫，但你看過他們設計的芭蕾舞衣與劇場布景嗎？你熟悉香奈兒的平織布設計，但你知道她曾以平織布設計運動風的芭蕾舞衣嗎？二十世紀初的巴黎，藝術與時尚交會擦撞出火花；二十世紀末的世界，時尚與藝術又產生怎樣的關係呢？

在〈喧囂與孤獨〉裡幾位二十世紀初特立獨行的女畫家、女作家，將以她們的作品訴說藝術、時尚與自由的關係。而我也以互文（intertextual）的方式，將小說家費茲傑羅、村上春樹筆下錦衣華服的人物，與張愛玲書寫中的母親串聯在一起，藝術與時尚的關係，也可以是如此。

〈時尚返璞記〉提到，藝術與時尚從十九世紀初走到今天，於資本主義全球化影響的時代裡，似乎無一處不是「消費」了。漫天價響的創新口號下，還是有人停下腳步，重新思考我們要什麼樣的生活。藉著吉本芭娜娜的小說，看看歸零後開始的一則都市寓言，開給泡沫經濟後失落人們的療癒藥方是：慢食、慢活、永續。土土的、舊舊的老東西，會不

會是下一波新時尚？

　　旅程開始，且讓我們藉由幾本小說、幾則傳記、幾幅畫作，建構作品與現實世界的藝術與時尚表現，以及潛藏在其中等待被敘述的主題精神。

# Chapter 1

## 雲裳與花容

人類以自己的身體作爲載體，表現、抒發、創造，乃至成爲一個符號，隨時變動也罷、凝煉成永恆也罷，「時尚藝術」這一卷鴻篇巨帙，書寫了人怎麼看自己、看他人、看社會的眾多觀點。

## 雲想衣裳花想容

雲想衣裳花想容　春風拂檻露華濃
若非群玉山頭見　會向瑤台月下逢
一枝紅艷露凝香　雲雨巫山枉斷腸
借問漢宮誰得似　可憐飛燕倚新妝
名花傾國兩相歡　長得君王帶笑看
解釋春風無限恨　沉香亭北倚闌干

——李白《清平調》

那裙裾飄然令人想到雲朵翩躚，而令人目迷的容貌唯有花那樣的活色生香可以比擬——詩人李白被命題書寫頌讚貴妃，雖出於職責但仍華麗地描繪了美人的風情姿容。繼之，有白居易《長恨歌》的「雲鬢花顏金步搖」、「雪膚花貌」、「雲髻半偏」，以及「風吹仙袂飄飄舉，猶似霓裳羽衣舞」。

這些形容生動具象，卻也借喻轉譯，以雲朵譬喻衣裳的輕柔與脫俗（或豐盈髮量、細緻髮絲），借花朵形容美人的容貌艷麗。但一細想，也就是自然界觸目可及的雲與花，卻建構起了一個向人們訴說（或界定）「美」該是如何的敘事視界。

中國唐代仕女

喜愛藝術的法王路易十四除
了鑽研芭蕾與歌劇外，也極
重視衣飾風格，以炫耀奢華
塑造威嚴形象，並引領了時
尚風潮

古希臘仕女髮型

　　時尚，若說衣飾，不外乎「款式」與「質料」，或加上「顏色」，三種元素變化多端──縱向歷史千載百年，橫向世界鴻篇巨帙。簡單的元素、複雜的論述，好比雲裳必是雪紡真絲，歐根紗的硬挺擬不了這流動空氣感，這是質材與工藝的想像實踐史；又或者，其實花顏綺羅「長得君王帶笑看」，無異是男人對女人的觀看，這是權力與性別的情慾包裝史。人們一開始將衣服穿上身也許出於「單純」的需求，但後來，穿衣就不再可能單純，如同我們的身體、思想、種族、性別、宗教、經濟條件……，不再是一時一地的表現，反而是無限投射與累積的結果，且變動不居。

　　這裡有兩項值得思索的核心，人類的衣飾、用物等**工藝**發展史（包含了食衣住行等層面），以及人類的**身體**美學觀（也涵蓋了語言、思想、政治與社會等表現）。

義大利初期文藝復興畫家波堤伽利作品《春》，以豐饒明艷的繁花意象與輕盈透明的布料質感，勾勒出維納斯與眾神的女性美

　　不管歷史學、經濟學、政治學，還是心理學門，如何地從不同角度詮釋「時尚」，工藝（應用藝術）的確是首先啟發時尚的第一要素，當然它也與人類的生活美學、經驗態度不可分割，你可以說是美學觀念讓人們發展出工藝特色，也可以倒過來說，是工藝條件塑造了美學風格——兩者並存不悖。

　　「ART」（藝術）這個字，從拉丁文而來，古典英文、法文亦淵源自此，原始字義與手作工藝、技術（technè）相關。美學家蔣勳在其著作《美的沉思》提到：

　　在生存競爭中，人類辨別和利用物質的欲求越來越強烈。自然工具的利用已經不能滿足。他從自然中認識的『尖銳』『鋒利』等等形狀概念越來越確定，這種概念的累積，和手製物質的熟悉，長期互為因果，交替刺激，終於『創造』了工具。（蔣勳，2003）

也就是說，初民從隨機揀起一塊石頭用來防備或攻擊動物開始，繼而撿擇較銳利的石塊以便自己更順利地應付各種狀況，一直到人類拿起另一塊石頭與撿擇而來的石頭相互作用，「手製」歷史於焉展開。

　　這手製工具（石塊）的證據
是距今約兩百萬年前的非洲歐督
外峽谷石頭砍砸器，在1931年
被英國考古學家發現。大英博物
館前館長尼爾・麥葛瑞格（Neil
MacGregor）在他的書中描述了發
現者的觀察：

遠古時代的石頭砍砸器

　　拿著它，我可以感受到人類在
非洲大草原上，可能必須切砍肉塊，
例如切割動物屍體，以飽食一頓。

　　當你拿起這石器時，第一個反
應是它很重，而如果很重，你砍砸
時自然會有力量。第二個反應是這
塊石器很順手，用掌心握好，從食
指到手腕之間會形成一道鋒利的邊
緣。因此，現在我手上是一把鋒利的
刀子。此外，石頭上有一塊突起的
地方，讓我可以牢牢握住經過特別
切砍、顯得相當銳利的邊緣……我
可以用這種石器有效地切割肉塊。

從砍砸器開始，人類經歷漫長的時光才打造出既實用又具「藝術感」的玉斧

我覺得自己和實際費力切砍的古人產生某種連結，他在一邊切砍一次、兩次、三次、四次、五次，然後另一邊切砍三次……因此他拿著另一塊石頭，在這塊石頭上，用特定的方式摔砸了八次，砸下一片石塊，使這塊石頭留下一道幾乎成一直線的鋒利邊緣。（Neil MacGregor, 2012）

在自然中觀察、體悟，於自然中取材，以自己的雙手砍砸、摔碰、揉撚，因此將自然之材轉化為人造之物。由石頭而來的各種石器玉器，由泥土、水、火而來的陶器，由礦物冶煉而成的銅鐵金工，由動物植物而來的皮革絲麻……，凡此種種食衣住行的需求，終於從想像落實成可觸之物。或者說為了完成雲與花的譬喻，雙手必得與堅木硬石、柔水艷火過招，而作出來的物品也許仍粗糙，要經歷漫長的時光才能被視為精美、被大多數人稱之為「藝術」。

## 西方的工匠達人與藝術家

　　既然藝術與技術脫不了關係，但為什麼又有「工匠」與「藝術家」之別呢？從西方歷史來說，古希臘人將藝術分為通俗藝術（vulgar arts）與自由藝術（liberal arts）。前者是織衣、釀酒、耕作，由婦女與奴隸執行的勞力工作；後者是文學、音樂、天文等城邦公民從事的勞心活動──如此劃分藝術當然也可見出社會階級的差異。

　　後來西方中世紀延續了古希臘人的觀念，將「手工技術」這類的勞力活動，視為「工藝」；而「觀念創造」這類勞心活動，則被視為「自由藝術」。具體來說當時哪些項目屬於工藝呢？製陶、鍛造金屬、雕刻象牙、染織布疋、繪製旗幟、製造木器與家具、玻璃工藝──種種與人們食衣住行相關者。身為建築學者，也是重要的美學教育家漢寶德先生說得很直接：

　　……在過去的傳統社會，沒有藝術的觀念，只有用具的觀念。用具為生活所需；自原始時代以來，人類就以其智能創造、發明各種必要的器皿。然而基於愛美的天性，基於人類心靈中潛在的創造象徵的衝動，這些器物常具有獨特的與高超的美感，因而提升生活的精神境界。在中世紀的傳統社

中世紀的歐洲以手工打造工藝品

會中，沒有為藝術而藝術的觀念，一切藝術是生活的一部
分。因為當時只有技藝，沒有藝術。（漢寶德，2006）

　　也就是說，那時候的手工藝製作者都被視做「匠人」，
工匠在製陶與完成家具時不會將自己的姓名刻上；畫匠在幫
王公貴族與教會裝飾壁面時不會在畫端簽上姓名。因為他們
的技藝是為了滿足使用者的實用需求，服膺訂製者的意念想
法，不是以自己為創作中心。這情況一直要到文藝復興時期
才改變。大家最熟悉的文藝復興時期的藝術大師們，原本也

是工匠師傅門下的學徒，學成之後也開始接
受來自教會、貴族、富商的委託雕刻繪畫，
不同的是，他們開始「創作」──以自己的
觀念美感來創作，以他們對這個世界的認識
與經驗來創作，以他們個人強大的意志來
創作*。

這樣的改變，一方面突出了藝術創作的
獨特性，另一方面，也有人認為藝術與生活
分開了。也就是說中世紀的「工藝」，是從
生活中長出來、完全為人民實用所設想的手
工製作；文藝復興時代的貴族紳士們與藝術
家，傾向將繪畫與雕刻從「工藝」範疇中獨
立出來。然而，這也不是絕對單一的劃分，
以繪畫來說，當然達文西已經從幫人繪製旗
幟、家具，轉而成為畫出《施洗約翰》、
《岩洞中的聖母》等「獨立」（獨立於實用
之外）畫作的藝術家。但是如果以「建築」
來說，文藝復興時期建築師的設計意念也許
取法於希臘羅馬的古典觀念，然而技藝的落
實卻必須依賴新的科學與從中世紀以來累積
的工法，兩相結合才能完成。

* 一般的平民百
姓都活在封建統
治與基督宗教強
大勢力之下，除
了物品的實用性
之外，這時期的
裝飾圖騰絕大部
分以基督宗教為
主題，《聖經》
真的也就是潮流
的「聖經」。

中世紀的畫家被視為工匠，為君王貴族與教會服務。文藝復興時期畫家達文西的著名壁畫也是受僱而作，但不同於中世紀工匠，「大師」已經可以依照自己的觀念美感來創作

因此，我們也許可以這樣說，從宗教、人文主義與世界觀來看，文藝復興時期與中世紀時代已經不同（甚至對立），因此藝術家處於這樣的變動中，也發展出獨特創新的思想與藝術；但是從歷史、科學、大學教育來看，文藝復興時期仍留存著來自中世紀深刻的影響，所以這是一種想要挑戰、對立、突破卻又無法切斷連結的複雜關係。

藝術的發展如此，時尚也是。此後，西方世界還要經歷十八世紀、十九世紀以來的啟蒙運動、現代化、工業革命、

資本主義等等變革，我們應當也要以察覺它們的「創新」、
回顧它們繼承的「遺產」這兩種視角，來談藝術與時尚。

## 中國的工匠達人與藝術家

　　至於東方世界，例如古代中國對「藝術」又是如何定義
的呢？我們來看「藝」這個字，這是一個象形字，寫做🌱，
是指一個人張開雙手、將禾苗種入土裡的勞動行為。所以

拉斐爾所繪之教堂，我們可以看到，文藝復興時期仍留存著來自中世紀深刻的影響，這是一種想要挑戰、對立、突破卻又無法切斷連結的複雜關係（photogolfer / Shutterstock.com）

「藝」這個字一開始被造出來，與種植植物、整理園圃的「農事」相關。到了春秋戰國時代，「藝」指的是六種才能：禮（舞蹈）、樂（音樂）、射（射箭）、御（駕車）、書（書法）、數（算術），然而六藝也並非單獨存在的「技能」，孔子是將它與「道」、「德」、「仁」，合在一起的。除了作為「技能」的解釋外，我們在魏晉南北朝、唐宋以來，常見到「藝苑」、「藝林」這樣的語詞，指的正是文學藝術界。從「農事」到君子養成之「技能」，一直到「文

學藝術」，「藝術」的漢字定義不斷演變，範圍也很廣。

與西方世界不謀而合的是，藝術與技術緊密關連，手作乃是成就藝術的第一步。

美學家蔣勳援引《周禮‧考工記》所述：「智者創物，巧者述之，守之世，謂之工。」說明了物品的創造是由聰明有智慧的人想出來，手巧的人把它作成，再世代傳承下去，這就是「工匠」。而具體來說，工匠創造的工藝可分成木工、金工、皮革工、色彩工、雕刻工、製陶工，六項手藝以下還分細類（即攻木之工七，攻金之工六，攻皮之工五、設色之攻五，刮磨之工五，摶埴之工二），豈不與中世紀的工匠作坊極其相似？

與文藝復興時代繪畫與雕刻從工匠作坊獨立出來一樣，中國也有例子說明從「工匠」到「文人」的藝術轉移——然而藝術轉移的重點在於書畫，雕刻仍以工匠為主——這轉移是發生在漢代到魏晉南北朝間。

不過，在此我想先談一談漢代的工藝與藝術，因為這是一個不可再的盛世，一個代替了中國人認識自己、指稱自己的「符號」從這裡誕生。如果我們用現代社會喜歡年終票選

漢代玉

一個代表字的習慣來看，中國人說自己是「漢民族」，使用的文字是「漢字」，那麼「漢」這個字或許就是數千年來不褪流行的「時尚」。即使它幾經更迭意義複雜，是強勢、也是弱勢（在元朝時），是共享、也是獨尊，是民族光榮、也是霸權傾軋……。簡而言之，它引起的關注最多，從正面評價到負面意涵都有，可見它相當具有代表性。

西漢國勢強盛，獨尊儒學，但是這時候的儒學不只是先秦時代的孔儒，而是綜合了各家學說（法家、道家、陰陽家），從宇宙運行，到人倫制度，從自然季節的時序對應音律變化，還對應了人體器官的屬性，整個人生運作系統無所不包。美學家蔣勳解釋：「我們在先秦以前，多半看到的是觀念、物質、技術三者的互動，到了漢代，當一套完整的經學系統建立以後，觀念在強而有力地指導造型。我們可以說，『天圓地方』的觀念在漢代明確化了。」（蔣

勳，2003）象徵穩定人倫世道的「方」與天
道自強不息的「圓」，成為漢代以後器物、
建築的流行語彙。此外，漢朝的書法在水平
線條外加上波磔，對應當時出現的屋頂飛簷，
可以一併看出漢代美學中藝術結合實用的交互
影響*。

　　我們看漢朝銅鏡的天圓地方、明堂的上
圓下方，或是圓的輪廓中有方型基地，方型基
地上築有圓形屋宇，簡單的幾何線條圖形遍
布於民間與宮室——蔣勳認為漢代在工藝上展
現的方圓不是任何個人的發現，而是「民族共
同的意識」（蔣勳，2003）。進一步來說，
在這個國力強盛人民安居的時代，方與圓是
流行的工藝語彙，背後的美學精神則是樸素
與穩定，藝術（或說工藝）取材的對象是日
常生活、平凡的人事物。家裡豢養的狗羊雞
鴨、田中工作的辛苦農人、塞外出行的貴冑將
士……，都成了繪畫、石刻、陶器、畫像磚的
模特兒，而刻畫出人民生活寫實形象的創作
者則多是民間工匠——漢朝除了中央設有「樂
府」職掌音樂與舞蹈，其餘的藝術類型（如帛

* 　大屋頂上的
飛簷晴天時可讓
室內採光更好，
雨天時也可以讓
雨水拋甩出去，
避免建築本體受
潮，出於實用的
考量。然而此時
書法隸書的線條
也有波磔出現
了，學者認為可
以併而觀之。

漢代建築即已出現「飛簷」，此亦成為中國歷代屋宇的特色

漢朝的書法在水平線條外加上波磔，對應當時出現的屋頂飛簷，可以一併看出漢代美學中藝術結合實用的交互影響

畫、石雕、織繡等）創作者大多是常民工匠。

　　至於前文所說，中國的工匠藝術轉移到文人藝術，發生在漢朝衰亡之後，戰亂頻仍動盪不安的魏晉南北朝。這是一個多民族為了逐鹿中原而爭鬥、移動、分裂與融合的時代，政權更迭變動很快，或同時有不同政權各據一方，我們以為，「藝術」在這樣的環境中恐怕無以為繼，不料，卻正是在這樣一個種族交融、儒士價值觀顛破、民心希冀宗教撫慰的時代裡，藝術開出了許多秀異之花，也出現了大轉向。

　　因為種族交融，工匠們在技法、取材與形式方面得到了不同的刺激，作品愈形精緻；讀書人掙脫儒學的束縛，任性發展，他們了解到漢朝建構起經世治民的那一套哲學已經無用，建安七子與竹林七賢就是此價值觀大崩解時代著名的文人，他們的作品不再為政治服務、不再為道德背書、不再用來鞏固人世倫常價值；而經歷了人情義理倫常崩解的常民百姓們，只得轉向佛教以安頓身心，佛教藝術大為興盛，最有名的就是石窟壁畫，且看壁畫描繪的內容已不再是常民百姓的日常生活，神佛教義取代了人世現實。

　　這裡要講的大轉向，重點在「書畫」藝術，代表性人物就是顧愷之與王羲之。顧愷之是望族子弟，博學通文，於繪畫的成就表現在人物畫，「意存筆先，畫盡意在」，畫裡的線條連綿，與書法強調的筆法關係甚深。他的人物畫與前朝工匠已經大不相同，「遷想妙得」、「以形寫神」都說明了他想擺脫外在的寫實模擬，追求自由的美學精神。王羲之亦出身世家，少學書法，才能早現，筆勁剛健酣暢奔放，其談論書法的文字，蔣勳稱為「把文字拆散開來做純粹形象美的分析，使中國的書法正式進入了藝術的層次」（蔣勳，2003）。當時這樣的文人藝術發展風起雲湧，也取代了工匠藝術地位，之前雖然文人從工匠身上學到相關技術，但他們在構圖、線條、色彩、造型等等方面的突破，反而被工匠當

作仿效的範本。

## 絲綢、瓷器與中國

了解了西方與中國對工藝與藝術在古代的定義演變之後，我們可以看出藝術一直與政治、宗教、道德、哲學、經濟脫不了關係，如若能掙脫，便能專注於藝術本質的各項展現，例如上述的書法，一筆橫向，可以如何運行？一字成形，可以如何轉折？通篇布局，又當如何結構呢？不過，即使藝術真能掙脫政治的箝制、宗教的監控、道德的包袱、哲學的意義，但是工藝實則反映了經濟生產條件、地域民族的美學、使用者的實用傾向——而時尚正是在藝術與工藝交織影響下的具體展現。這複雜性不只是一時一地，而是東西方互叩大門，各種文明的揉雜交融，我們或可藉由回溯工藝的身世之旅，去想像那些遙遠時代的人們喜愛什麼、崇尚什麼、追求什麼。

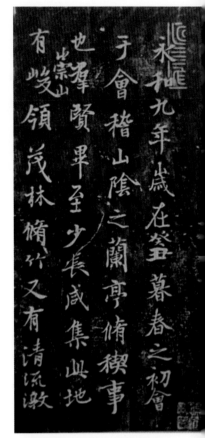

王羲之蘭亭集序，張金界奴本
（維基百科/ReijiYamashina）

　　從掉落嫘祖茶杯中的蠶繭這則神話開始，中國絲綢衣物成了古代上層社會專有的「時尚」。西方古帝國埃及、希臘、羅馬，眩惑於東方絲綢的光耀奢華，那是物質珍稀與生成神秘帶來的崇拜心理，能擁有絲綢者盡皆貴胄富豪，絲綢造成的時尚是如此昂貴不易得。絲路開通，絲綢從中國載運至中亞、歐非，從此東西貿易交流頻繁。在數條絲路上交易的貨品當然不只是絲綢，還有瓷器，因此，當時西方帝國貴族，將身上穿中國絲綢、家中擺設中國瓷器視為最時尚的表現。希臘語seres，演變成中古英文silk，指的就是絲，而古希臘人與古羅馬人一度以Seres稱中國，與後來China又指瓷器、又指中國，是一樣的意思。

　　在絲路開通的漢代，絲綢就是朝廷中央送往各邦交國的貴重大禮，大英博物館前館長尼爾・麥葛瑞格如此說道：「人類學家指出，在人類歷史上，籠絡人心最簡單的方法就是贈送別緻的禮物——其意義在於這個禮物只有你才能贈送，也只有對方才有資格接受。」在中國瓷器工藝未臻成熟之前，與絲綢同被視為只有中國才有的獨門工藝品就是漆器，「皇帝每年從稅收中撥出巨款，準備華麗的禮品，包括幾千疋絲綢和幾百個漆耳杯，用來贈送盟國或屬國。」（Neil MacGregor，尼爾・麥葛瑞格，劉道捷、拾已安譯，2012）漆器製作工序繁複，從製作胎體、髹漆一直到推光打

絲路開通，絲綢從中國載運至中亞、歐非，東西貿易因此交流頻繁

磨，須經歷反覆乾燥上漆與修整的過程，由大量的工匠投注其中才能完成一件作品。

　　絲綢的輸出市場由漢帝國獨占，不是因為其他地方沒有蠶，而是中國育養後的家蠶所吐蠶絲品質不同，因此，物質珍稀加上技術秘傳這兩種原因，讓走在危險重重絲路上的商人，願意馱負這無比「貴重」的珍寶往西方去。雖然當時羅馬帝國與漢帝國沒有直接接觸，但我們可以想像，穿著刺繡絲綢深衣的漢代貴族，與一擲千金想盡辦法買得絲綢穿上身的羅馬貴族婦女，在他們心中，穿衣的最高時尚就是這個關鍵字：silk。後人也不要忽略一個事實，中國的絲綢西傳之

西方古帝國埃及、希臘、羅馬，眩惑於東方絲綢的光耀奢華，那是物質珍
稀與生成神秘帶來的崇拜心理，能擁有絲綢者盡皆貴冑富豪，絲綢造成的
時尚是如此昂貴不易得

後，西方文明中亞文明的美學也往東傳布，此後東西方的品
味與美感就在中國絲綢中「交織」了。

　　陶瓷，是文明的象徵。從採石製泥、拉坯成形、施釉敷
彩，至入窯燒成，軟泥轉變成了堅硬的陶瓷，恍如質材幻
化。每件作品背後的文化因素，讓造型、釉色和裝飾紋樣呈
現出豐富多元的面貌。帝王、監造者、工匠和使用者，共同
形塑出時代的風格。陶瓷器吸引人之處，在於它們呼應著淵
遠流長的歷史記事脈絡，同時也從窯業發展網絡中反映出不

同文化相互交流的現象。

這是台北故宮博物院展出中國歷代陶瓷展說明
書的一段話。從商代的原瓷器、唐代的白瓷、
宋代的官窯，一直到元朝的青花瓷……，或如
近現代受到中國瓷器影響的日韓瓷器、德國梅
森瓷器、英國威基伍德瓷器、丹麥哥本哈根瓷
器……，這些在漫長的摸索與製作後終於誕生
的無數瓷器，都為我們記下人類文明的發展足
跡：人的雙手、自然界的土石與礦物、火與水
的作用、造型與質地的創造、色彩與圖案的繪
製。總結來說，是技術、觀念與美學的緊密合
作，也是工藝、貨品與文化的交纏關係。

宋代汝窯所產：天藍
釉刻花鵝頸瓶（維基
百科/Greg kf）

　　大英博物館出版的《看得見的世界史》書
中，介紹了一件元朝的青花瓷，是成對的「大
維德花瓶」，會叫這個名字，乃因為英國大
維德爵士（Sir Percival David）收藏了它們。
這是一個製於西元1351年元順帝（元朝最後
一位皇帝）統治時期的民間瓷器，信徒訂製
來供奉廟宇神祇的供品。在元代，青花瓷不
僅從宮廷普及到民間，也從中國外銷到世界

元代青花瓷：大維德花瓶（維基百科/BabelStone）

各地。我們從政治與經濟上來看，蒙古人以武力侵略中東，
將當地的製造業摧毀之後（包括製陶業），過了一段時日，
再將中國的瓷器出口到這些有需求的地區。「青花器皿在這
些市場向來就很受歡迎，因此中國為這些市場所打造的瓷器
也都反映出這種地方風格，而且中國的陶器匠師也利用這種
伊朗的鈷藍顏料來迎合伊朗在地的品味。這種產自伊朗的鈷

日本茶道陶瓷器皿

藍在中國被稱爲『回青』──一種穆斯林藍──顯然就說明了這種藍白配色的傳統來自中東，而非中國原創。」（Neil MacGregor, 2012）

　　尼爾・麥葛瑞格在此篇章下了一個精彩的結語：「蒙古異族統治、回青外國原料、伊朗和伊拉克的海外市場，這一切對於青花瓷──這種許多外國人仍認爲最具中國風的東西──的創造來說，都扮演著不可或缺、容或自相矛盾的角色。沒多久以後，這些陶瓷就被大量從中國出口，輸往日本

和東南亞、越過印度洋抵達非洲、中東和更遙遠的地方。」
（Neil MacGregor, 2012）數百年後，中國青花瓷輸出歐洲
形成風尚，歐洲人從模仿中國文化象徵圖騰，到創造出西方
的中國想像，我們幾乎難以辨認正統與源頭是什麼。的確，
數十年前我的父母親赴歐旅遊，父親買了Wedgwood的陶
瓷人像項鍊給母親，使孩子們大開眼界；朋友加入Meissen
百萬會員俱樂部，彰顯他的經濟實力；對我來說，Royal
Copenhagen的唐草雅緻更勝中國現代許多瓷器作品……，
一方器皿，實則承載了每個人、每個文化不同的品味與各種
層面的遞嬗變遷，更重要的是工藝的交流、衝擊、融合與新
生，為這些器物賦予無限風貌、意義。

德國梅森瓷器於1710年創廠

英國威基伍德Wedgwood瓷器於1759年創廠（維基百科/Kpjas）

丹麥皇家哥本哈根瓷器於1775年創廠
（維基百科/Edelseider）

# Chapter 2

## 巴黎拱廊街

十九世紀末到二十世紀初，第二次工業革命為世界帶來巨變，班雅明漫步並記錄了巴黎拱廊街，窗裡窗外反映了一個資本主義城市的樣貌，他曾寫下：「這樣的拱廊街堪稱是一座城市，甚至是一個世界的縮圖。」

## 前「前現代巴黎」

你可知道，法國少女曾經憧憬穿上包得密不透風的黑白色系修女服，「她們被允許穿著修女的衣服，整天進行聖本篤會的彌撒，並將此視為深厚的恩惠和無上的幸福」，這可不是什麼二十一世紀的扮裝派對，也並非帶著諧謔（parody）的心情來穿戴修道院修女的裝束，但在這段敘述中的少女們的確懷著參加儀式、派對的興奮感——這是莊嚴肅穆與消遣娛樂並存的時刻。

這時刻發生在十九世紀的巴黎——上一段引文摘自1862年浪漫主義作家雨果出版的小說《悲慘世界》，書中呈現了十九世紀初發生在法國的故事。修道院的寄宿學校，是法國小說也是真實社會很重要的一個「場景」，敘述這個場景之前，我想先把鏡頭拉遠看個更大的場景：世界最大的現代化城市之一——巴黎\*。這一個百年的巴黎，有拿破崙一世，有巴爾札克、雨果、左拉、福樓拜、莫泊桑，有大衛、安格爾、莫內、雷諾

\* 彼得·蓋伊認為現代主義的苗床是各工業化和都市化的國家，尼采在自傳《瞧！這個人》裡指出：「身為藝術家，除巴黎以外，他在歐洲沒有第二個家。」他說的巴黎，當然是指1850年以後經過徹底現代化的那個。

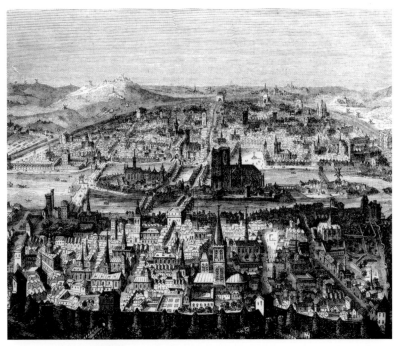

巴黎十八世紀街道繪圖

瓦、塞尚、梵谷、高更，有波特萊爾——這些詩人畫家小說
家甚至還深刻啓發影響了下一個風起雲湧的世紀。

　　整個十九世紀的巴黎我們暫且一分爲二，1848年巴黎
鐵道開通，1851年路易‧波拿巴（拿破崙一世之姪）掌
權，稱巴黎爲「法國之心」，「要傾全力美化這個偉大的都
市」，之後於1852年登基爲拿破崙三世後，更與巴黎首長

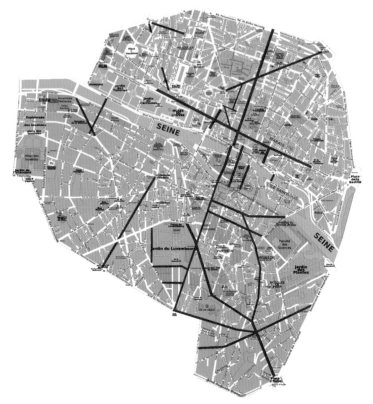

1850年到1870年間，大改造前後的巴黎街道差異圖，紅線顯示筆直貫穿的大道
（維基百科/Mark Jaroski）

奧斯曼聯手改造了巴黎。大改造前的巴黎與大改造之後的巴
黎，約略也是文學與藝術除了浪漫主義之外，現代主義開始
發軔的巴黎。

我們先來看看法蘭西學院院士費爾南・布勞岱爾書中的一段敘述：

1797年一篇義大利文獻寫道：「巴黎不是一個真正的商業中心，它用全副精神為自己尋求給養。巴黎的地位來自它的書籍，它的藝術品、時裝，來自那裡流通的大量金錢以及人們從事的匯兌投機──這方面除了阿姆斯特丹沒有別的地方趕得上巴黎。全部工業都用於生產奢侈品：戈白林或薩伏納里的地毯，聖維克多街華麗的毛毯，向西班牙、東印度和西印度出口的帽子、絲綢、塔夫綢、鑲飾帶和緞帶、教士的禮服、鏡子（製鏡的大玻璃來自聖戈班工場）、金器、印刷品……。」（Fernand Braudel, 1979）

十九世紀巴黎聖日爾曼大道街景

進入十九世紀前的巴黎也許還沒有人為它正名為法國之心，但事實上已經吸納了許多外鄉人來當苦力、工匠、傭傭兵，也有教師、醫生、工程

師、建築師、畫家、富商,「據說巴黎當時有15萬名僕人。
這一貧困的下層無產階級的存在是大城市的共同特徵。」而
窮人的物質選擇很有限,與五光十色的巴黎形成強烈反差。
「現在我們可以再看歐洲的富人和善變的時裝,……他們之
所以裝模作樣和自命不凡,可能是因為其他人、甚至最窮苦
的人都在觀看他們的表演,鼓勵他們作出最荒唐的行徑。」
(Fernand Braudel, 1979)一個國家或一個城市內部的階級、
地位差異與改變,深刻且細微地反映在服裝上,而歐洲國家
之間的政治與服裝又有什麼關係呢?「各國服裝式樣相繼在
歐洲取得統治地位這一事實也在暗示同一個解釋:儘管歐洲
內部糾紛不斷,或者也正因為如此,歐洲是個統一的大家
庭。最令人神往的東西未必是最強大的,也未必如法國人設
想的那樣是最討人喜歡的和最高雅的,但它卻能發號施令。
政治優勢能夠影響整個歐洲的局勢,改變歐洲的前進方向
或重心,但在服裝領域卻並不立即反映出來,難免會出現落
後、差距、缺陷和反常。法國服裝從十七世紀起即占上風,
但是要到十八世紀真正確立其統治地位。」此後三百年巴
黎亦一直居於時尚之王的地位,「時裝的演變過程屬於文化
轉移的範疇,至少它的傳播是遵循一定規律的。這類傳播本
質上必定是緩慢的,並且與某些帶強制性的規律相聯繫。」
(Fernand Braudel, 1979)然而,我們以今日眼光來看,往後
三百年這一切的傳布速度加快,時裝王國益發沒有邊境。

八世紀法國路易十五皇后瑪麗
（Marie Leczinska）

「傳統既是美德，也是牢籠……革新則是一切進步的工具，爲了敞開革新之門，社會也許對任何事物都必須有一種惴惴不安心理，連服裝、鞋樣和髮型都不放過？」費爾南・布勞岱爾進一步說「時裝，這也是爲淘汰舊的語言而尋求一種新的語言，是每一代人用以否定前一代並與之相區別的方式（如果這一社會內部存在代與代之間的衝突）」（Fernand Braudel, 1979）。而時尚並不只有服裝一項，有一本《警世詞典》曾定義：「時尚：法國人穿衣服、書寫和辦事的一千種不同方式。變來變去，目的是爲了顯得更加優雅大方，但往往產生可笑的效果。」布勞岱爾認爲「囊括一切的時尚，就是每種文明確定自身的方向。它既是思想，也是服裝……」（Fernand Braudel, 1979），時尚支配的領域還包括說話方式、吃飯方式，甚至，婚姻的形式。

## 前現代巴黎的婚姻與時尚

是的，婚姻也有其流行的形式！我們且進到十九世紀之初，也就是前現代巴黎。先從一幅畫說起——《赫卡米埃夫人》，這是新古典主義大師大衛在1800年所繪甚爲有名的肖像畫，現藏於巴黎羅浮宮。關於赫卡米埃夫人的身世眾說紛紜，不過，可以確定的是她在十五歲時，嫁給了年紀約是她

新古典主義大師大衛所繪《赫卡米埃夫人》肖像畫

三倍的銀行家赫卡米埃先生，此後，絕美的麗人活躍於巴黎
社交界，她在家中主持的沙龍是當時藝術家、文學家與貴族
必去的朝聖之地。以這幅畫為例所要說的重點有兩項，婚姻
與時裝，接下來，我還會引用專研法國十九世紀文化的日本
明治大學教授鹿島茂的著作，探討當時流行於巴黎的婚姻與
生活方式，當然，還有繁花似錦的服裝。

　　女性和比自己年紀大上許多的男性結婚，和年輕人談戀
愛，不久，等丈夫去世之後，就和這位年輕男性結婚，接

著，等這位女性去世之後，男性就繼承她的財產，和年輕的女性結婚。（鹿島茂，2013）

　　我曾在一本談論名畫故事的書上讀到，赫卡米埃夫人所嫁的丈夫，事實上是她的親生父親。由於赫卡米埃先生年輕時在有婚姻的狀態下，與另一已婚女子相戀，兩人生下的女兒由生母扶養，等到赫卡米埃先生的元配去世之後，那位已婚的情人也不在了，於是赫卡米埃先生將自己的骨肉迎娶回家，好把財產過繼給她，當然兩人的婚姻是「白色婚姻」，並未亂倫。以上說法，我並未在他處找到證明，只知道無論赫卡米埃先生是不是她的父親，赫卡米埃夫人確實在婚後幾年愛上了一名年輕人，但浪漫愛情無疾而終。一直要到赫卡米埃先生去世，她已三十來歲，才又遇到一位瑞士來的高級軍官與之傾心相戀，但軍官在家鄉有太太，原本承諾她回瑞士之後會跟太太離婚，再回到巴黎與夫人廝守後半生。然而，這戀人終究一去不回，兩人只靠信件往返互訴衷曲。據說，赫卡米亞夫人的肖像畫（不是大衛畫的那幅，而是稍晚她請大衛弟子傑拉爾所畫的另一幅），就是打算給心上人留存的。

　　「在十九世紀前葉，結婚這件事情在基本上與其說是家庭和家庭，倒不如說是金錢和金錢的結合，當然，雖說通稱

爲『金錢』，但其中的有形財產和無形財產也會被換算成分數。」（鹿島茂，2013）鹿島茂從福樓拜的《包法利夫人》、巴爾札克的《兩個新嫁娘》、雨果的《悲慘世界》等書，爲讀者耙梳了當時貴族的婚姻狀態。提到婚姻，首先考慮的是錢，其次則是年輕與美貌。如果不是出身貴族，光有年輕美貌，女方就得準備豐厚的嫁妝方能嫁入上流社會。即使出身良好世家，要讓一個女兒出嫁，家裡的資產恐怕也得去掉大半，因此，許多家裡有兒有女的貴族，常常要面臨不是成全女兒就是把資產留給長子的抉擇。如果要兼顧，就是幫女兒尋找一位不要求嫁妝又願意與妻子共享財產的男子結婚——這樣的男子通常是身分位階差一截但有點資產的中產階級，或是有錢有地位但貌寢或年老的男子。再不然，就是讓女兒放棄婚姻，在她們小時候就將其送入修道院。

法國修道院

　　是的，就是這一章一開始提到的少

十九世紀巴黎豪宅的形制，左右兩側廂房獨立，男女主人可保有私人空間

女被送去的修道院寄宿學校。當然，被送來的少女不完全是將來要捨棄婚姻的，貧窮貴族、富裕農民、中產階級等，將女兒送來修道院寄宿學校，是打算將「受教育」當作嫁妝的一部分。在與世隔絕的修道院中，生活百無聊賴，才會出現「連在點著大蠟燭的莊嚴教堂中，身穿特別的修女服，一邊唱著嚴肅的聖歌，一邊祈禱這件事，感覺也像要參加一場令人期待的儀式一般，成了某種消遣和喜悅」（鹿島茂，2013）。而這樣呆板平靜的生活並非水波不興，相反地，即使是聖經、宗教故事，也都會引起少女的浪漫想像，更不要說偷渡到修道院裡的愛情小說了，更叫這些少女們沉溺陶醉，並一心相信將來愛情的對象就是王子、騎士或英雄那樣出類拔萃的人物。

離開修道院之後被接回家中的少女們，在接觸到真正的愛情與男子之前，其實最重要的是重新認識她們的

母親，以及配合父母親以社交為重心而產生的生活規律：晚會與舞會在十點左右開始、結束時是半夜；四、五點就寢，接近中午起床全家一起吃「早餐」；兩點之後每個人都自由地過活互不相涉，母親會與戀愛的對象到杜樂麗花園散步（有時到幽靜的布洛涅森林幽會），或者攜帶女兒共乘豪華馬車到香榭儷舍大道兜風；到了傍晚或許回家中用餐，六到七點則是會客時間；接著上劇院、音樂廳，繼續晚上另一場舞會或晚會，如此周而復始。

　　按照這一天的行程，女人會在起床沐浴後換下晨衣、細心打扮搭配輕便卻講究的家居服吃早餐、再細心打扮更衣等待戀人來訪，如果接著去杜樂麗花園散步，便穿著風格簡單的款式，「貴婦人表現出稍不注意就認不出來的儉樸、舒服和優雅。……不管是帽子、洋裝、鞋子都選擇最簡單的款式」、「在這裡，巴黎的貴婦人不花大錢，只靠品味的好壞來一決勝負」（鹿島茂，2013）。如果是驅車到兩側種著行道樹的寬廣香榭儷舍大道，那麼就要穿著華麗耀眼的衣帽，配上豪華四輪敞篷馬車，以炫耀的裝備與優雅的姿態慢慢行駛，吸引眾人目光。到了晚上的舞會，那更是無與倫比地講究身上穿戴的每一個細節：「仔細地依照慣例戴上束腹、穿上鞋子、勒緊身體、梳好頭髮、穿上禮服、化妝，試著將自己裝扮成即將參戰的決鬥者」（鹿島茂，2013），只不過這

印象派畫家馬奈1862年完成的《杜樂麗花園音樂會》

個殺氣騰騰將舞會比喻成戰場的未婚少女，她的戰袍是「帶著長長裙襬的豪華禮服、髮髻的花飾、鑽石、裝飾著裸露胸部的珍珠和寶石項鍊」（鹿島茂，2013）。當時未婚少女為攫獲理想結婚對象而將社交場合視為戰場，自是無可厚非，然而在其間的紅男綠女各懷心思地「看」也「被看」，毋寧更像是帶著後設意味的舞台吧！

很明顯地，這段1841年小說中描寫的貴族女子裝束與1800年的赫卡米埃夫人高腰寬鬆的希臘風已然不同，事實上，自1810年到1910年為止，整整一百年的法國服裝時尚，都與束腹打造出來的「豐胸、細腰、高臀」息息相關。

## 巴黎拱廊街

十九世紀初葉的巴黎，還沒有高級成衣販售，上述的品味、華麗與優雅都是由穿著服裝的貴婦人自己設計出來，向布行選購好布料之後，再交由縫紉店縫製。雖然有女性報紙刊登時尚畫卡，不過「時尚畫卡是將擔任設計者角色的貴婦人所創造的流行轉化成美麗版畫的東西，它本身並沒有創造性」，時尚報「以教導服裝搭配和高尚品味為編輯方針」（鹿島茂，2013），但僅僅是這樣，就足以讓貴族接受其

十九世紀巴黎時尚雜誌插畫'La Revue de la Mode,' Paris, October, 1892. （Everett Historical / Shutterstock.com）

LA REVUE DE LA MODE AND LA FRANCE ÉLÉGANTE UNITED

介紹的流行。而更廣闊深遠的影響，是如此時尚傳播業的誕生讓巴黎或外地的中產階級婦女，紛紛憧憬夢幻巴黎，並且希望藉著購買巴黎的商品（香水、手套、帽子）與巴黎連結。不只藉著購買商品以擁有巴黎，「艾瑪拿來了名為《花籃》的女性報紙和《沙龍的精靈》，詳細閱讀有關戲劇的初次公演、賽馬和晚會的報導，對於女歌手的初次登台和商店的開張她都相當關心。最新的流行、一流洋裝店的住址、布洛涅森林以及歌劇院熱鬧的日子她也相當清楚」（鹿島茂，2013）──這是一輩子住在鄉間但始終夢想巴黎的包法利夫人，掌握夢幻泡影的方式。

鹿島茂介紹了由巴黎這個巨大幻影所支撐的時尚報內容：「精美的時尚卡、最新的流行情報、知名作家所執筆的高級文章、歌劇和音樂會的報導、社交界和戲劇圈的八卦、販賣流行商品的精品店地址、暢銷商品的介紹」，他進一步說明，「當巴黎的幻影越是龐大，時尚傳播業的發展便越是蓬勃，而當時尚傳播業越是發展，巴黎的幻影也就更形擴大」（鹿島茂，2013）。

除了時尚報，夢幻巴黎還能如何被觀看、被掌握呢？我想對身處十九世紀巴黎現場的人來說，答案就是：拱廊街（passage或arcade）。拱廊街就是拱頂商店街，人們在日本

十九世紀中葉建成的典型巴黎拱廊街
（andersphoto / Shutterstock.com）

也常常可以看到。鹿島茂在他的《巴黎夢幻拱廊街》一書如此定義拱廊街：

1. 連結道路與道路、車輛無法進入、給一般行人使用的通道，且並非居住者專用的私有土地。
2. 有屋頂覆蓋。
3. 屋頂部分或全部是以玻璃或塑膠等透明素材覆蓋，可以看見天空。（鹿島茂，2013）

當然，十九世紀巴黎沒有塑膠屋頂。二十世紀德國哲學

拱廊街入口（Kiev.Victor / Shutterstock.com）

1850年巴黎出現了第一棟全面外露的鐵造建築：聖吉納維夫圖書館
（維基百科/Marie-Lan Nguyen）

家班雅明以巴黎為例，研究十九世紀的都市物質文明，他曾
經在《發達資本主義時代的抒情詩人——論波特萊爾》一書
中，摘錄了一段1852年巴黎導覽圖的文字：「這些拱廊街是
工業奢侈的新發明。它們的頂端用玻璃鑲嵌，地面鋪著大理
石，是連接一群群建築物的通道。它們是本區屋主們聯合經
營的產物。這些通道的兩側排列著極高雅豪華的商店，燈光
從上面照射下來。所以，這樣的拱廊街堪稱是一座城市，甚
至是一個世界的縮圖。」（Walter Benjamin, 1938）工業革
命以後人們始能生產大量的鐵，廣泛運用於建築，1850年巴

黎出現了第一棟全面外露的鐵造建築：聖吉納維夫圖書館，比倫敦的水晶宮還早一年（當然後者是鑄鐵鍛鐵結合玻璃，更為壯觀），較小規模的巴黎拱廊街大約在1840年代運用了鋼筋結合玻璃，在當時是使用了時髦新穎建材的建物。

在奧斯曼改造這座城市之前的拱廊街，是為了讓購物的人們避免踩在濕漉泥濘中而設，也為了連結當時彎彎繞繞的公有道路，連接起來的拱廊街讓人們永遠不受雨淋，兩側櫛比鱗次的櫥窗則展示令人目不暇給的商品，讓置身其中的人們恍如在夢裡，「那個夢，是以新時代的典型建築素材——鋼筋與玻璃呈現。打造拱廊街的人、在拱廊街裡做生意的人、群聚的人，不論是誰都肯定在鋼筋與玻璃打造的未來建築裡，感受到自己正搭乘一艘前往烏托邦的進步方舟」（鹿島茂，2013），鹿島茂這樣寫著。但是，對巴黎的夢想不能只在這一方拱廊街內，班雅明引用了都·恭的《十九世紀下半葉的巴黎》一段文字：「1848年以後，巴黎幾乎不適於人居住。鐵路網不斷擴張……促進了交通，加速了城市人口的增長。人們塞在狹窄、骯髒、彎來繞去的街道上，只能擠作一團，因為別無選擇。」（Walter Benjamin, 1938）因此，當拿破崙三世向奧斯曼提議改善首都巴黎的景觀、公共衛生與交通時，奧斯曼即大刀闊斧地重整了這個城市。

　　大刀闊斧砍在巴黎街道上，意即拆毀2萬7,500座建築物、毀掉許多私人花園，破壞之後再重建了10萬2,500間新房子。班雅明說奧斯曼：「他用可以想像的最謙卑的手段──鐵鍬、鋤頭、撬棍等等諸如此類的東西──革命性地改變了城市的相貌。這些簡陋的工具造成的破壞程度是巨大的。在大城市不斷成長的同時，一種把它夷爲平地的手法也在不斷進步。」（Walter Benjamin, 1938）就成果來說，奧斯曼建立了自來水供應管網絡以及下水道排水系統，讓公共衛生獲得極大的提升；「十二條寬闊的林蔭大道從凱旋門向四面八方延伸，生動地展現對稱的理想，令人賞心悅目」（Daniel A. Bell, 2011），當代學者貝淡寧和艾維納．德夏里特敘述了巴黎最明顯的市容改造；而無論是貧民窟或有著大屋頂的貴族房，都「替換成統一高度的六層樓建築，平滑的牆面和類似比例的窗戶。爲了避免統一性的單調乏味，奧斯曼允許窗戶、陽臺、門和飛簷在細節上的無限變化」（Daniel A. Bell, 2011）；至於新舊建築與道路，十字路口與公園等，雖仍有豐富的元素，但都設計得相互連結。

　　然而這些在市中心漂亮的建築物終歸由上層與中產階級的巴黎人獨占了，班雅明說「租金的提高把無產階級推到了郊區」（Walter Benjamin, 1938），他於1926年初次造訪巴黎，此時的巴黎印象，已然是奧斯曼打造出來的那個新巴

奧斯曼大改造巴黎時，將樓房「替換成統一高度的六層樓建築，平滑的牆面和類似比例的窗戶。爲了避免統一性的單調乏味，奧斯曼允許窗戶、陽臺、門和飛簷在細節上的無限變化」

黎，回顧1857年他鍾愛的法國詩人波特萊爾曾寫下：「老巴黎已不復存在，它已經變了（啊！城市的變化比人心的變化更快）」（Baudelaire, 1857）——那逝去的老巴黎是怎樣的風貌呢？恐怕就是發達資本主義之前、百貨公司出現之前，拱廊街裡充斥著「漫遊者」的巴黎。

## 漫遊者與詩人

　　從十八世紀末開始出現的拱廊街，陸續遍布巴黎，許多拱廊街享盡風光榮景，後來沒落，造成沒落的原因當然不只一個，最重要的除了百貨公司的出現取代了集合式店鋪街的功能，奧斯曼的大改造更是重要原因。鹿島茂敘述：「由於計畫性開通新路，大幅改善公有道路之間的連結交通，不再需要拱廊街的『通道』。……鋪設車道與步道之後，人們在街上也能散步，昔日被當作漫步（flânerie）設施的拱廊街於是失去此一優勢」（鹿島茂，2013），更不要說1914年第一次世界大戰開戰，等到班雅明開始在巴黎企圖創作《拱廊街計畫》的1927年，拱廊街早已遍歷風霜，不再是巴爾札克筆下「從馬德蓮到聖德尼城門，展品像一段段色彩斑斕的長詩」（鹿島茂，2013）那般盛景（即使這首長詩跟前文時尚報一樣，希望藉由消費者窺看引起消費的欲望）。然而，班

雅明還是在存留的拱廊街裡不斷地來回拾遺，將他鍾愛的波
特萊爾詩作攜上，以幫他證明資本主義唯物論、幫他證明那
些細碎的櫥窗展品與新建築烏托邦帶來了現代主義新思潮。

　　略不同於前文巴爾札克或福樓拜筆下那些有購物目標的

印象派畫家雷諾瓦畫新橋。班雅明說「波西米亞人、文人、詩人都可能是
遊手好閒的漫遊者」，在這種漫步中「展開了他與城市和他人的全部關
係」。波特萊爾曾描寫道：「孤獨的漫遊者，神色若有所思，……他完美
地融入人群，品嚐著狂熱的喜悅……」

少女夫人們，在拱廊街聚攏的人群中，有一些是flâneur，無目的的漫遊者。根據中研院院士李歐梵的說法，「flâneur有許多翻譯，本義有三個意思，一是遊手好閒的人，走路時心中沒有特定想法，慢慢的走。二是擺出高貴的姿態，穿著優雅的人。三是走路時不斷觀看注視的人。在觀看之中逐漸得到一些構思想法，但思緒想法又沒有特定理路結構。」（李歐梵，2004）班雅明說遊手好閒之徒就在拱廊街這個世界裡得其所哉，波西米亞人、文人、詩人都可能是遊手好閒的漫遊者，在這種漫步中「展開了他與城市和他人的全部關係」（Walter Benjamin, 1938）。波特萊爾曾描寫道：「孤獨的漫遊者，神色若有所思，……他完美地融入人群，品嘗著狂熱的喜悅……」（Baudelaire, 1857），這應該是第三種定義的觀察者，而他在觀看的對象與櫥窗裡羅列的商品一樣，撩起了他的欲望。但是在這座所迷戀的「汙穢城市」裡，他也承認「人類也許是不幸的，然而，身受欲望折磨的藝術家卻是幸福的」，只因為他想藉著繪畫捕捉一位絕美少女，甚至「想要在她的凝視下，慢慢死亡」（Baudelaire, 1857）。

我們回到前文提及那幅大衛畫的《赫卡米埃夫人》，不知為何，在這幅畫接近完成的時候，赫卡米埃夫人又請大衛弟子傑拉爾另繪一幅，以至於大衛這一幅場面大器以烘托夫人高雅氣質的肖像畫成了未完成的作品。這兩幅畫的差別已

十九世紀到羅浮宮習畫的女子

有許多人討論，但我認為，眼神的意味大不相同，這位被觀看的美女便判若兩人了。而不管是大衛新古典主義畫風下冷靜與知性的赫卡米埃夫人、還是以紅黃高級毛毯與披肩襯托嬌豔含羞的赫卡米埃夫人，全無一件寶石首飾與複雜設計，反而更讓畫中人成了唯一被窺視的主體，唯一被訴說的美的主體——引起一代之人模仿嚮往的時尚女神。

這寬鬆白衣高腰的裝束，除了讓人想起古希臘眾女神之外，不知道你會不會跟我一樣想起1867年雷諾瓦畫的Lise？

藝術史作家彭怡平形容《麗絲與太陽傘》這幅畫：「陽光篩過公園樹林，流洩在女子白色的薄紗裙上，而拖曳到地面的黑色腰帶與籠罩於黑色洋傘下的女人臉部陰影相映成趣。左拉觀賞此展後特別推崇此畫的現代性，誇獎雷諾瓦於畫中以鮮明的時代風格，巧妙地融合時尚與歡愉的元素。」（彭怡平，2013）之後，我們接續看到，1878年赴巴黎習畫的美國女畫家卡莎特充滿自信眼神的自畫像、1890年塞尚為夫人畫的肖像畫、1892年羅特列克畫的舞者珍·阿芙麗兒……，十九世紀的藝術與時尚至世紀末已然發生了明顯的改變，巴黎與整個歐洲即將進入摩登時代——接下來，緊身束腹將隨著英國女權運動退場，法國很快跟進；而家具與生活用品卻要回歸中世紀手工藝美學。二十世紀將是一個如何「解放」復又「擬古」的時代呢？

後印象派畫家塞尚為夫人畫的肖像畫，塞尚的畫風將引發之後的現代藝術革命

*Collection of vector hand drawn elements in vintage s*

十九世紀歐洲女性時尚配件，包括了束腹衣

# Chapter 3
## 美好出艱難

你能舉出可可香奈兒與張愛玲的相同點
嗎?一支口紅與一瓶香水,一疋舊窗簾
布與一襲舊軍裝——困窘的人生攔不住
她們的追求與冒險,華麗的光芒成就卻
也掩不住轉身的蒼涼。唯有藝術與時尚,
為她們的人生下了個近乎完美的註腳。

> 早韭欲爭春，晚菘先破寒。
>
> 人間無正味，美好出艱難。

——節自蘇軾《和庚戍歲九月中於西田穫早稻》

　　蘇東坡被貶謫時寫的這首詩，講的是當令時蔬之味美，而蔬菜的美味又來自艱困的氣候養成，因此他有感而發，體悟到人間的美好得來不易。我不禁聯想，時尚流行與藝術美感也有眾所欣賞的「正味」吧？不同的時代與文化，應該也有不同的「正味」，是誰創造與主宰品味，教導大眾什麼才是流行的好品味呢？這正味是來自富足的環境，還是生長於艱困的環境呢？

　　延續前一章提到，十九世紀巴黎的時尚與藝術即將進入「現代」，這一章我們將介紹十九世紀中葉以後到二十世紀的現代巴黎，這裡登場的幾位人物（小說中的人物或真實人物），多半就是在艱困環境中提煉出屬於生活與理想的美味。

## 經常改變定義的「時尚」

　　時尚與藝術，常常形成潮流與正統，流行之後復又被人們挑戰顛覆，雖有「正味」，但絕非獨沽一味。英國女性時

尚史學家摩爾（Doris Langley Moore）曾說：「每個時代都
有它自己無懈可擊的的品味，它（持續一段長時間的）對一
個真正和諧的形式、顏色和布料的發現，它對於合身和舒適
的完整認知。但是每個時代也都成為後續者的大笑柄」，
「一個風格被淘汰而消逝的時間越快，它便總是顯得越滑
稽」（引自Peter Corrigan，2009），而Moore的好友，藝術
史學家雷佛（James Laver）提出了一張表格讓大家一目了
然，他認為同樣的衣裝：

```
粗鄙的    在它的時代的十年前
無恥的    在它的時代的五年前
怪異的    在它的時代的一年前
時髦的    ——
寒酸的    在它的時代的一年後
醜陋的    在它的時代的十年後
荒謬的    在它的時代的二十年後
有趣的    在它的時代的三十年後
雅緻的    在它的時代的五十年後
迷人的    在它的時代的七十年後
浪漫的    在它的時代的一百年後
美麗的    在它的時代的一百五十年後
```

（引自Peter Corrigan，2009）

　　社會學者彼得・柯睿耿（Peter Corrigan）進一步說：
「雖然我們可能不同意這些形容詞的選擇或是確切年數，但
大多數的讀者也許會直覺地感受到，雷佛確實掌握了某些時
間和美學判斷的重點。然而為什麼我們會如此認為呢？去年
的衣裝暗示了剛剛消逝的過往，一種說明過去生活方式的版
本，與今日我們的生活與外貌不再相配。」（Peter Corrigan,
2009）我們總是嚮往著下一代，或緬懷著逝去的黃金時代，
那麼，現在是什麼呢？我們口口聲聲要創造的、要把握的是
什麼樣的現在呢？或者說，當我們不滿於現狀，並且找到可
解決的方式，生活方式與美學迎來大變革，我們看到的未來
是一個充滿希望的新未來，然而，時間過了一年、十年，人
們卻發現生活雖改變了，但未必變得更好，下一波的改變又
將開始。

　　彼得・柯睿耿在他另一本著作《消費社會學》提到，社
會學有一個用詞「巨變」（The Great Transformation），專
指「十九世紀歐洲隨著資本主義工業化歷程而引發的大規模
政治、經濟與社會的變遷」，就人們的生產活動來說，意即
在工業革命之前，大部分的生產活動在家中，受僱的手工藝
者在自家從事工作，而商人也將商品帶到不同的人們家中，
完成交易，或是人們到商人家中把貨品帶回；「資本主義工
業化使得有償勞工集中在工廠，而在家中受認可的勞動漸漸
枯竭」（Peter Corrigan, 2010）。而在工廠中大量生產的物

品，需要社會的大規模消費，這也改變了人們的消費習慣與方式：以前歐洲社會人們要買什麼，走進商店（或販賣者家裡）親見要買的物品，討價還價一番，議定之後不買不能離開，這是舊式購物方式下買賣雙方的默契。資本主義工業化大量生產之後的商品，盡可能地陳列在商店櫥窗，如同前一章提到的拱廊街櫛比鱗次的商店，人們到拱廊街只是逛逛不購物的也有，然而在那如夢似幻的場景裡，婦女們通常不可能不推門而入，帶走一些夢幻國度之旅的紀念品。

1852年世界上第一家百貨公司Le Bon Marché在巴黎塞納河左岸開幕
（維基百科/Guillaume Speurt）

# 沒有亞當的伊甸園

　　1852年世界上第一家百貨公司Le Bon Marché在巴黎塞納河左岸開幕，百貨公司爲什麼會出現？爲什麼它取代了拱廊街的商店成爲新的消費中心？社會學家David Chaney認爲當時巴黎的都市發展造成地租上漲，零售商「必須更經濟地考慮空間的使用，這意味著空間要往上發展。一個商店有許多樓層，而且必須包含許多部門，這些方面都是市場力量作用的結果」（Chaney, 1983），另有學者Michael Miller認爲大量生產「需要一個比小商店所可以提供的，更加有效率、但也更加昂貴的零售體系」（Miller, 1981），Richard Sennet則說「百貨公司是對於工廠的一種反應」（Sennet, 1978）。

　　左拉曾在他的小說《婦女樂園》如此描述這家百貨公司：「一座爲顧客打造的商業大教堂」，也有人說十九世紀的百貨公司是「沒有亞當的伊甸園」──把去消費的人們形容成去教堂朝聖一般，而且這些朝聖者以女性爲主。小說中（實際上也是）百貨公司面對廣場的那一面是落地玻璃門，除了轉角這個門面外，左右兩個街區還各有兩間店面，喪父的黛妮絲帶著兩個年幼的弟弟從鄉下至巴黎投靠親戚，初來乍到茫然在路上摸索，遠遠望見，覺得這家店大得無邊，「底層有許多陳列的商品，夾層上的玻璃沒有塗水銀，透過這些玻璃可以望進櫃台內的全景」，而且除了玻璃門內高級

的絲絨大衣之外，正門口露天的街道上還有許多「花車」拍賣商品：毛織品、布料、各式毛呢、皮料，廉價的手套、帽襪、圍巾，「這家店似乎東西太多了，要把裝不下的東西扔到馬路上去」。他們繼續沿著街走，目光卻被百貨公司櫥窗複雜的布置深深吸引，這些陳列品中甚至有一種絲綢喚作「巴黎幸福」，而這「巴黎幸福」標有價錢：才五法郎六十生丁。接著，他們因緣際會又繞到另一邊的店面去，女主角被一個陳列女裝的櫥窗驚得走不動了：

一大條珍貴的布魯日花邊大圍巾，像神壇的帷幔一樣張開來，展開兩片微帶褐色的白色羽翼；阿朗松刺繡的各色裙飾，縈成了花環；其次從上到下，像落雪一樣飄落著各式各樣的花邊，有瑪林式、有瓦朗西納式、有布魯塞爾的鑲飾、有威尼斯的刺繡。左右兩邊，有用布包起來的柱子，使那個天幕更顯得遠遠地向後退去。這些女裝像是在為讚美女性的典雅而建立的禮拜堂：正中央擺著一件銀狐裝飾的絲絨大衣十分搶眼；這一邊，是松鼠毛裡子的綢料短披風；那一邊，是羽毛鑲邊的呢外衣；最後，是套在晚禮服外的白色喀什米爾斗篷，和點綴著天鵝絨或履蟲紋的白色馬特拉斯提花凸紋雙層織布。各式的花色俱備，從二十九法郎的晚禮服外罩斗篷起，一直到標價一千八百法郎的絲絨大衣。

（埃米爾・左拉，李雪玲譯，2013）

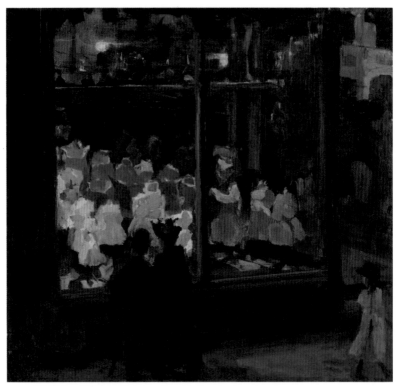

十九世紀百貨公司櫥窗

　　我們暫且從小說令人目眩神迷的場景中回到現實，十九
世紀中葉大量中產階級成長，在都市裡扮演著新興經濟型態
的勞動者與消費者，如記帳員、銀行員、鐵路公司雇員、各
級學校的教員，以及百貨公司銷售員。他們既不是勞工階
級、也不是貴族豪門，在找尋與形塑自己定位的過程中，與
百貨公司一拍即合——因爲勞工階級到百貨公司可能僅只是

看看並不消費，而豪奢貴族與資產家則不需要百貨公司。當時百貨公司常被稱作「奢侈品的民主化」，中產階級透過購買這些民主化的奢侈品，形塑了自己的形象。彼得‧柯睿耿引述Michael Miller的說法：

「Bon Marché百貨公司的商品和布爾喬亞生活方式的知覺交織在一起，因此購買一條Bon Marché的桌巾，或是上劇院的外套，同時也變成購買布爾喬亞的地位」（Miller, 1981）。

他自己則說：「新中產階級試圖透過百貨公司找到文化認同，這也是我們第一次看到一個新興的階級，幾乎都是透過消費來定義。很明顯的，這兩者是相互創造出來的\*。」（Peter Corrigan, 2010）

回到小說中女主角身上，原本她在故鄉是一家布店的店員，喪親貧窮的她必須把兩個弟弟拉拔大，又因為在鄉下十六歲的弟弟惹了愛情的麻煩，她不得不帶弟弟們來到巴

\* 我不禁想岔題將時空拉到二十世紀末到二十一世紀。我們都知道，共產主義統治之後的中國與蘇聯，並非以消費來決定市場，乃是馬克斯所言的「生產」與「分配」。但隨著國家社會主義的消失，這兩個國家加入資本主義行列之後，許多人民紛紛以消費來定義自身，買下拍賣會上最昂貴的拍賣品、倫敦最貴的公寓，買下最古老的異國莊園與產業。終於日本2015年票選最熱門的字：「爆買」，就是指中國客人豪奢消費的景況。

巴黎1766年落成的餐廳Lapérouse，是藝術、文學家與中產階級人士聚集
之地，左拉、雨果、福樓拜、莫泊桑都曾是座上客（Petr Kovalenkov /
Shutterstock.com）

黎投靠親戚。然而可收容她的伯父也不順遂，因為正對著新
興的百貨公司（就是讓姊弟三人瞠目結舌的這一家），老布
行生意一落千丈，沒有店員的位置可留給她了，也正因為這
樣，她得以從羨艷卻消費不起的朝聖客，轉身變成這殿堂中
的一員。她的新老闆慕雷，「他給女人造了一座廟堂，用一
大群店員向她焚香禮拜，創造出一種新的宗教儀式」，這樣
一個創造出新消費模式（標明價錢、低價傾銷、不斷將商品
推陳出新）且不斷勾起女人們消費欲望的百貨業者，甚至還
跟他想說服一起做生意的男爵說：「你有了女人，你連世界

都賣得出去。」故事一路展開，一個收入微薄的下層中產階級女店員，與野心勃勃奉行資本主義的老闆擦出火花，兩人愛情的隱喻也是一部資本主義工業化的變遷普及史。

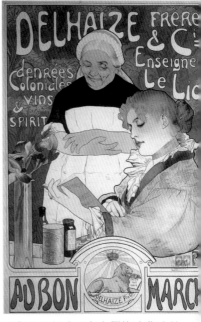

百貨公司創造了女人們的消費欲望
（維基百科/Herman Richir
(1866-1942)）

## 舊行會與新藝術

《婦女樂園》裡虛構的男主角慕雷靠著工廠大量生產的陳列品，使女人眼花撩亂，買回一堆便宜貨，但又不自覺地陷入這種被誘惑的漩渦，散盡財產卻換來空虛感；英國人威廉‧摩里斯（William Morris, 1834-1896）則是一個強烈抵拒上述生活型態，並發起工藝運動的真實人物。這次我們要觀察的場景從法國轉向英國──工業革命的發生地。關於十九世紀中葉的英國，美學家建築學者漢寶德曾寫道：

　　工業革命對英國以中世紀為基礎的傳統社會造成嚴重的衝擊。工業城市

十九世紀英國紡織工廠（Neveshkin Nikolay / Shutterstock.com）

出現，原來生活在農村的民眾湧進城市中，過著貧民窟的日子。……不斷的開發煤礦，把愉快地生活在陽光之下的農民趕到不見天日的礦坑裡；……工廠裡過著機械生活的工人，每天工作十幾個小時，生產與生活脫節，生命了無意義可言。……

社會呈現統治者、資本家與被統治者、勞工間的裂痕。在中世紀，社會的階層有一種家族式的感情連繫著，農民與地主之間以土地為媒介，處於和諧狀態。工業化之後，上下之間的感情消失，爾虞我詐，……上層社會過著虛浮、誇張的生活。……耽於幻想、脫離現實，無視現世之醜惡。而下層社會受害尤深。……貧困的生活中與他們相伴的，就是廉

1851年英國爲了展現強大的國力與進步的工業發展，而舉辦萬國工業博覽會，以鋼鐵與玻璃打造了一座水晶宮爲展覽場館

價的工業產品。……（漢寶德，2006）

　　我在上一章曾提過，1851年在倫敦以鋼鐵與玻璃打造了一座水晶宮，這是當時英國爲了展現強大的國力與進步的工業發展，舉辦的萬國工業博覽會的會館。果然這座以最新的建築素材、特別的設計以及高超的工法建造而成的時髦宮殿，成功地吸引衆人的目光，揚名國際。然而，當時在館內展覽的英國產品卻飽受各界人士抨擊，認爲其設計不如法國，不但沒有藝術感，也與人民的生活脫節。雖然摩里斯去水晶宮參觀博覽會展品時才十幾歲，但想必少年已留下深刻印象。漢寶德歸納整理摩里斯推行工藝運動時，第一次公開演講的幾項重要觀念：

1. 純粹的美術與生活所需的實用性藝術不能完全分離。

2. 生活的藝術品必須以純美術嚴肅的創作態度去生產，否則即會流於微不足道的地位。

3. 生活的藝術是大眾的藝術，只有通過生活，藝術才不會淪落為無病呻吟的玩物。（漢寶德，2006）

　　文化美學作家辜振豐認為摩里斯的「理念與實踐無疑是針對十九世紀的產業社會」，摩里斯是一個工藝設計者也是生活美學家，還懷抱著社會主義的理想，「強調在優質品味下用心去設計日用品，有助於改善生活，進而變革社會。……希望設計者、生產者、消費者三者之間建立一種有機關係」（辜振豐，2011）。他提倡恢復中世紀的手工藝、行會組織，不但身體力行組織商會，推出親自設計的家具、壁紙等工藝品，還創立出版社並在出版品上親手美編。然而，此藝術與工藝運動（Arts and Crafts Movement）畢竟要對抗的是業已無法回頭的文明發展進程、龐大的資本主義生產模式，看起來絕對是以小搏大，未能力挽狂瀾。不過，此運動對接下來十九世紀末出現的新藝術、二十世紀初的包浩斯，都產生了影響。

　　新藝術（Art Nouveau）得名於德國畫商薩穆埃爾在法國巴黎開設的新藝術之家（La Maison Art Nouveau），但不

威廉・摩里斯（William Morris, 1834-1896）設計之布樣（維基百科/
VAwebteam）

菲利普・韋伯幫威廉・摩里斯設計的紅屋，位於英國倫敦郊區肯特郡，是
工藝美術運動時期的代表性建築，摩里斯並親自設計內部家具
（維基百科/Ethan Doyle White）

限於法國，這是一場國際性的運動，除了歐洲之外，美國與日本也出現了新藝術風格的作品。新藝術萌芽之初，的確就是對工業化大量生產商品的反動，這類商品不是過度裝飾，就是線條僵硬，缺乏感性的創造與大自然的連結。負責水晶宮內部裝飾的英國建築師歐文‧瓊斯，曾在他的著作結語提到：「在藝術最輝煌的時期，一切裝飾都是奠基在觀察之上，觀察大自然以哪些原則安排各種形式」，大自然中植物的線條與動物的律動（一部分自洛可可而來，一部分自日本浮世繪而來），成爲新藝術的特色。除此之外，辜振豐說：「十九世紀末的新藝術大舉擴散後，純藝術和應用美術的界線逐漸消失。……藝術家不但要創作，還要致力於設計珠寶、壁紙、布料、家具以及桌上的擺飾。」（辜振豐，2011）

至於這一場國際性運動是如何串聯起來的？前文提到的德國畫商薩穆埃爾曾經訪問日本，喜愛東瀛文化的他後來出版了《日本藝術》雜誌，對歐洲藝術界起了傳播作用。而他在巴黎開設新藝術之家時，請比利時建築師亨利‧凡‧德‧費爾德設計室內空間，費爾德正好是摩里斯的「粉絲」，他大力提倡「美和實用性應結合爲一體」與摩里斯的美學觀頗爲一致，除設計室內空間以外，也和摩里斯一樣設計壁紙、家具、餐具。1908年費爾德當上德國威瑪工藝學校校長，學校主建築物是他設計的，建築物線條簡潔，已從古典風格過

法國巴黎地鐵入口，新藝術風格的建築

新藝術風格家居品

植物的線條與動物的律動是新藝術靈感來
源之一（維基百科）

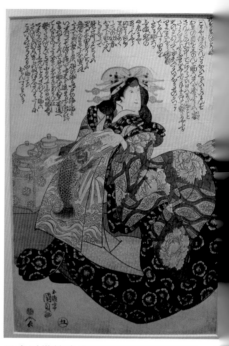

日本浮世繪也啓發了歐洲新藝術運動，此
爲喜多川歌磨之作（維基百科/sailko）

渡至現代——威瑪工藝學校就是包浩斯（Bauhaus）的前身。

　　包浩斯這所以建築、工藝爲中心的學校，是由接續費爾
德任威瑪工藝學校校長的華特‧葛羅培於1919年所主持。
漢寶德認爲「把生活工藝的精神與現代工業相結合，一直
到二十世紀才完成。把摩里斯的精神運用到現代工業上的
是1920年代德國威瑪創建的包浩斯，……其教育的精神是

1908年亨利・凡・德・費爾德當上德國威瑪工藝學校校長，學校主建築物是他設計的，建築物線條簡潔，已從古典風格過渡至現代（維基百科/R.Möhler）

統合美術與工藝，以反當時流行的無病呻吟的官方古典藝術。……摩里斯是把手工藝視爲藝術，葛羅培是把手工藝結合於藝術，視爲美術的基礎」，而這觀念帶來最重要的進步在於「使包浩斯熱心的擁抱未來，對工業生產持有積極的態度。包浩斯把中世紀的爲生活而藝術的精神，轉到二十世紀來，把手工藝轉換爲機械工業。經過這樣的轉換，手工藝的文化精神與現代生產體系產生了有機的結合」（漢寶德，

1926年葛羅培設計之包浩斯（Bauhaus）德紹校舍落成（Jannis Tobias Werner / Shutterstock.com）

1932年密斯·凡德羅設計的房子（維基百科/Mazbln）

科比意設計，1954年落成的法國廊香教堂（The Chapel of Notre Dame du Haut in Ronchamp）（struvictory / Shutterstock.com）

廊香教堂另一面，此建築與科比意早期作品的機械美學、線條原則已略有不同

2006）。包浩斯從葛羅培到之後被納粹所迫關校的校長密斯・凡德羅，以及建築師科比意，三人被視爲現代建築先驅，一種追求超越文化、自由流動、線條簡潔的建築新語彙自此被開創出來。

## 時尚新語彙

建築出現新語彙，那麼服裝時尚呢？讓我們回顧一下，1842年巴爾札克寫完《兩個新嫁娘》，書裡的女主角必須費力穿上緊身束腹，將自己的身體塑成S形；到了1883年左拉出版《婦女樂園》，女店員雖然工作時有絲質連衣裙制服，假日換上便服還是會勒緊腰身。不過到了十九世紀末，無論是英國百貨成衣商Arthur Lasenby Liberty提倡的樣式，或是印象派女畫家卡莎特爲芝加哥萬國博覽會的婦女大廈榮譽廳所繪製的壁畫*Modern Woman*，婦女的服飾寬鬆，已沒有束腹的壓迫塑形。當然女人自束腹、裙撐架中解放出來是經過了漫漫長路，美國從十九世紀中葉女權運動者就開始思考：束腹是爲了讓男性「觀看」女子的豐胸、細腰，而裙撐與臀墊是爲了凸顯翹臀的曲線，這種性別政治，讓女人身體嚴重不適導致生病，或是行動不便，一定得改變。然而，束腹背後所代表的父權社會價值觀並不是那麼容易顛破的，母親甚至強迫女兒必得穿上束腹，好表現出貞潔有教養的精神。

　　終於，英國在1904年組織了「國際婦女參政聯盟」，積極地展開女權運動，反對壓迫束縛的衣裝，法國也很快地跟進這股叛變潮流中。1906年，法國時裝設計師保羅・普瓦雷推出了「新」時裝——向「前一個世紀」拿破崙一世帝國時期的高腰寬鬆線條借鏡（赫卡米埃夫人的長衫可謂先驅）。時尚記者哈莉特・沃斯利描述此風格：「裙子由緊貼胸部下方的帝政線條的帶飾直垂至地，婦女不再需要緊束纖腰，能夠自在的呼吸」（Worsley, 2012），普瓦雷論及他的設計

保羅・普瓦雷設計的女裝解放了女裝的腰部與胸部（維基百科/Shakko）

意念：「以自由之名，我宣布緊身束腹已經終結，胸罩抬頭」。不過，普瓦雷雖然解放了女裝的腰部與胸部，曳地的長裙卻限制了腿部的行進。普瓦雷的設計屬於新藝術風格，常常受到不同文化的刺激，例如到巴黎演出的俄國芭蕾舞團的東方情調，刺激他用色繽紛、亦採用大膽印花圖案布，甚至，他還從這個舞團的舞衣迸發出靈感設計了哈倫褲。他率先用人造寶石搭配高級訂製服，鍊墜為人造石東方佛像。

保羅・普瓦雷由俄羅斯芭蕾舞團的舞衣迸發出靈感，設計了哈倫褲（維基百科/Jean-Pierre Dalbéra）

普瓦雷在二十世紀初的巴黎時尚界獨領風騷了好一陣子，然而，將有一位比他略小四歲的設計師會在巴黎打出一片新天地，他們在設計、販售兩方面都是競爭敵手，互相睥睨。這設計師就是在左拉出版《婦女樂園》那一年出生的嘉布麗葉兒‧香奈兒（Cabrielle Chanel）——我們熟悉的CoCo Chanel。

關於香奈兒的生平，大家或許都略聞一二，從十二歲進修會的孤兒院（不是《兩個新嫁娘》修道院寄宿學校那樣枯燥但浪漫的環境），到成年後孑然一身赴巴黎當裁縫鋪的小助手（令人聯想起《婦女樂園》貧苦無依被剝削排擠的女店員），因爲當裁縫助手收入微薄，她晚上還到夜總會兼職唱歌，也因此遇見追求她的已婚布料商巴尚，成爲他的情婦（竟然那麼像《婦女樂園》裡那些經濟窘迫的女店員的遭遇）。品味獨特的香奈兒不滿意當時的流行服飾（可能

香奈兒設計的女帽與當時流行使用羽毛、珍珠、花朵與蕾絲等花俏裝飾的帽子相當不同，而是深顏色造型簡潔、符合頭形的圓帽（Ukko / Shutterstock.com）

1922年在海灘檢查泳衣長度的官員

就是普瓦雷風格），爲了出席社交場合，她竟然將巴尙的騎馬裝改成洋裝——周遭貴婦或許多半穿著普瓦雷專爲上層階級打造的華麗服飾。

　　香奈兒爲自己設計的帽子，是無心插柳卻獲得周遭貴婦們熱烈迴響的第一件作品，與當時流行使用羽毛、珍珠、花朵與蕾絲等花俏裝飾的帽子相當不同，而是深顏色造型簡潔、符合頭形的圓帽。她的事業起步是巴黎康朋街21號的女帽店Chanel Mode，就在這裡她設計販售了造型裝飾簡單的鐘形帽、大草帽，贏得消費婦女們的好評與支持。如果說普瓦雷剛好吻合女權運動的倡議而設計了復古寬鬆線條的服裝，他回應的階層還是限於上流社會（昂貴的材料、華麗的異國風、曳地的長裙，無論就價錢或實用性，都不符合中產階級女性的需求），那麼，香奈兒踏出時裝設計的第一步，比普瓦雷回應女權要深刻一些：縮短裙襬，讓中產階級女性行動方便；以原本作爲男性內衣素材的平織布料製作女裝；以男孩風（不強調胸部腰線寬鬆的直筒洋裝）取代仍強調豐胸腰身的普瓦雷設計；她自己先在海灘上穿著買來的水手長褲，之後應顧客要求也開始爲她們設計長褲。

## 美好出艱難

　　第一次世界大戰邁入尾聲的時刻，戰爭期間英、美、法許多勞動階層的婦女辭去家務幫傭的工作，轉而填補原本是男性擔任的職業類別空缺，例如公務部門的辦事員、工廠技術員、後勤支援等工作；而到了戰爭結束，這些婦女們因為已經獲得獨立的生活、更高的薪資待遇，因此無意回到上流社會與中產階級的家庭幫傭。時尚記者哈莉特・沃斯利寫道：「十九世紀、二十世紀的上流社會整天都必須忙著複雜的更衣：日常服、外出服、日禮服茶袍、晚禮服。每晚要梳理及腰的長髮，每天早晨又要再把頭髮別得整整齊齊，並把緊身褡（即束腹）打結繫妥。這一切若無女僕之助，是辦不到的」（Worsley, 2012），少了僕傭幫忙的貴婦人，一定很樂於穿上可以方便自己著裝的衣服；而中產階級婦女甚至開始自己動手縫製衣服，此舉與香奈兒帶來的流行簡潔風、運動風也有關係。

1930年代，少了僕傭幫忙的貴婦人，穿上方便自己著裝的衣服工作（維基百科/Nilfisk-Advance）

　　據說，香奈兒是從電視上看到美國國民汽車福特推出黑
色款，激發她想設計一件讓女人們都能擁有的黑色小洋裝。
另外，則有一說是時尚雜誌將1926年香奈兒的LBD（Little
Black Dress）系列比喻為福特的黑色汽車。哈莉特・沃斯
利認為：「再一次地，香奈兒俐落地除去了服裝裡的階級
價值。黑色小洋裝可以讓任何女人不必花大錢，就達到優
雅的效果。」（Worsley, 2012）這個時代並不如一戰時期艱
困，不過，香奈兒自己因為經歷失去摯愛的痛苦，而埋首工
作——從前，因為孤兒院的經歷讓她體悟到化繁為簡的設計精
髓，設計作品引起風潮；愛人逝去的灰暗心情，是否反而激發
她以喪服的黑色將自己的意念化為時尚，再一次翻轉流行？

福特汽車1920年代推出的國民車款（Perry Correll／Shutterstock.com）

第二次世界大戰期間布料匱乏，歐洲時尚女裝以流線型輪廓，搭⋯⋯分明的肩頭和及膝裙長，蔚為主流⋯⋯h Sohm / Shutterstock.com）

當然，真正造成歐洲時尚設計艱
困的時刻，還是隨著第二次世界大戰
來了，就連香奈兒都於1939年中止
所有服裝事業。因為戰爭需要布料等
物資，時裝設計師能取得的布料就極
有限，不過，哈莉特・沃斯利寫道：
「二次大戰布料短缺並沒有完全束縛
時尚，相反地，這些限制反而讓設計
師和女性能夠以創意來思索她們的服
裝。在歐洲，要花大片布料的寬裙暫
時停止生產，而比較省布的流線型輪
廓搭配線條分明的肩頭和及膝裙長，
步上舞台中央」（Worsley, 2012），
能站上時尚舞台的中央不就意味著從
艱難中淬煉出來的美好，已煉成大家
認可的「正味」了嗎？

香奈兒設計的黑色小洋裝LBD
（Little Black Dress）優雅簡潔

　　困窘貧乏中，仍想要保留一絲美
麗與優雅，彷彿在掙扎著為自己的尊
嚴奮戰到底。你也許想到美國暢銷小
說《飄》裡頭的郝思嘉，而我想到的
是小說家張愛玲。在她出生成長的時

代，中國恰好也出現了女性中產階級，張愛玲與她的姑姑都是，一位是職業作家、一位是高級銀行員。然而，此時中國處於新舊交替（政治與思想）、戰亂頻仍（內戰與世界大戰）的狀態，張愛玲的家庭也完全是這樣景況的縮影。少女在父母失和家庭分崩離析的狀態下成長，她十二歲時在學校投稿〈不幸的她〉獲得校刊錄用；約莫其時，她也畫了漫畫投稿英文報，拿到五塊錢，她以人生獲得的第一筆稿費買了一支口紅給自己。之後，如同她在真實人生裡為自己的外表費心妝點一般，她將以自己的筆為小說人物織錦更衣，為讀者展現一個華麗蒼涼的世界——我們將在之後的篇章一窺其中的繁茂意象。

# Chapter 4
## 時尚愛藝術

商品與藝術、迪奧與安迪・沃荷、國際
建築師打造時尚品牌名店，藝術與時尚
的雙人舞在博物館裡、城市街道上翩翩
起舞。此舉是時尚藉著藝術稍稍抹去一
身的金錢味？還是藝術向時尚借來一點
聚光燈的亮度？

## 二十世紀現代藝術與生活

　　建築學者理查・魏斯頓，在他的著作中曾引述波特萊爾〈現代生活的畫家〉其中一段文字：「說到現代性，我指的是藝術短暫、偶然的那一半，它的另一半是永恆和不朽」（Weston, 2011）。魏斯頓認為波特萊爾所描述的現代性，「或許可以在印象派的畫作中首次以視覺方式呈現，在奧斯曼巴黎的熙攘生活和時髦新大道的場景中，或是在水面葉片上閃爍的短暫光影，而它正好也可以用來說明當時橫掃歐洲的一連串彼此相關的運動，例如野獸派、表現主義、立體派、未來主義、達達主義和超現實主義，這些運動在第一次大戰前後蓬勃發展」（Weston, 2011）。具體來說，現代美術的「抽象」（abstraction），在建築上的表現就是「剝除掉過時的風格樣式，將建築物簡練成『純粹的』形式語言」；「立體派畫作裡的淺層空間（space），在科比意1920年代設計的自由平面別墅中找到迴響」（Weston, 2011）；現代建築中使用的大片玻璃板「除了提供透明性（transparency），還可以讓空間連續並表現結構之外，還能以令人著迷的手法玩弄反射，捕捉到短暫與偶然這兩項波特萊爾筆下的現代城市特質」（Weston, 2011）。

　　除了班雅明將波特萊爾視為「發達資本主義的抒情詩

莫內於1874年首次印象派畫展展出的《印象：日出》

人」外，許多人都認為波特萊爾是現代主義的發端者，現
代主義（或說現代性，modernism）是什麼呢？且以學者彼
得‧蓋伊（Peter Gay）的說法來看現代主義藝術群像：「因
為藐視傳統的詩歌和正派題材，詩人開始實驗各種詩歌語
言。小說家開始以前所未有的大膽查探筆下角色的思想感
情。劇作家開始把最細密的心理衝突搬上舞台。畫家開始拋
棄藝術最年高德劭的理想（模仿自然），轉而向內心尋找真
實。音樂也在現代主義者手中變得愈來愈『向內』關注，

讓聽眾愈來愈難獲得即時快感。」（Gay, 2001）讓我們再看一眼莫內（跟其他「無名藝術家」）於1874年舉辦的聯展中展出的《印象：日出》，以佐證此說法，彼得‧蓋伊分析這幅畫：「這一切看起來就像個『印象』，但卻是一個高度藝術性的印象，絕不是乍看之下的兒戲。它是新繪畫的典型標本，其中不包含故事也沒有寓意，既不企圖把觀畫者教育得更虔誠或更道德或更愛國，也沒有想要激起他們的情慾。就像其他印象主義的畫作一樣，莫內這幅寫生作品是要捕捉住一個轉瞬即逝的時刻。」（Gay, 2001）

當這些離經叛道的前衛藝術家關注自我、強調個體的時候，他們眼前的共同敵人便是布爾喬亞（中產階級）——中產階級的僵化、矯飾、庸俗、且掌控一切，在在被他們視為阻攔藝術進步、拘束人性解放的最大敵人；當前衛藝術家需要經濟條件與鑑賞品味支持的時候，他們的藝術之友也是布爾喬亞——在工業化資本主義下累積資

雷諾瓦1872年畫下好友莫內沉思閱讀的樣子，在當時，這群關注自我、強調個體的藝術家，都被視為離經叛道者

本的中產階級、在城市中建立具有公共精神的文化機構的中產階級，眾多開明且有閒錢的布爾喬亞大量消費（包括各式藝術活動與藝術品），將過去世代「王侯將相、教會高層和少數的富商巨賈」這些藝術贊助者所壟斷的藝術品味，漸次動搖。

　　現代主義前衛藝術家，不只是對「敵人」（或說朋友）的態度飄忽不定，他們對同道人的結盟、疏離也一樣反覆無常，以致孤獨者須結伴堅定同行卻又因倦於忍受彼此的差異而拆夥。然而，更讓這些人舉棋不定的是，如何革命成功還可以永遠不必被主流收編？彼得‧蓋伊說：「贊助人和顧客對新東西愈來愈大的接受度一樣可以消耗掉叛逆的幹勁，換言之，受歡迎就像受攔阻或被查禁一樣，可以窒息現代主義者的創意」（Gay, 2001）。也就是說，當時再特立獨行不與人同的藝術家，仍渴望人們認同的眼光，即使有人以激烈口吻想拆掉美術館、燒毀羅浮宮，他們仍不斷創作作品希冀可以展出繼而被人收藏。十九世紀以後中產階級形成，可以支持藝術市場，但為什麼這個階級的投入正好就照顧（支持）了這一支奇異難理解的藝術偏軍呢？

## 宣傳、教育的中間人

除了中產階級自己的鑑賞品味*，當時的畫商也是媒合布爾喬亞與前衛藝術的大媒人，他們「慧眼」識英雄以「低價」收購了前衛獨立（印象）畫派的作品，再廣為宣傳鼓吹，加上售出價格不高，使得中產階級願意收藏這些畫作。而另一個可以決定（或說幫助決定）品味的機構就是美術館，前文說到中產階級在城市興起之後建立了許多文化機構，如劇院、演奏廳、圖書館、樂團，美術館也是其中一項，能夠接受並喜愛那些被正統藝術觀排斥攻擊的藝術作品的美術館館長，就是那位一方面支持革命一方面維持社會和諧的媒合中間人，如果沒有他們，革命或許不會成功，而藝術社會的品味鬥爭也許愈形熾烈，或者布爾喬亞要追隨的欣賞與收藏對象更不知所蹤。

宣傳一個不易為人輕易接受的新商品（藝術作為消費品）是要冒極大風險的，但在商人（畫商、藝術經紀人）的角度來看，這還是值得賭上一把的生意。一如我在本書

* 彼得·柯睿耿曾經徵引另一位當代社會學家皮耶·布赫迪厄對品味的定義：「品味是媒人，它把顏色，也把人配對起來，人們一開始就根據品味去配對『適配』的兩人。這種自動自發去解碼另一個人慣習（habitus）的情形，就是立即親近性的基礎，此親近性讓人們的社會交往有概念，不鼓勵衝突的社會關係，鼓舞適配的關係，這些交往只需用到發自內心的社會語言，如我喜歡或不喜歡，就可以了」，柯睿耿再從這定義進一步解釋：「因此，品味並非是個人的、無法分說的、天真無邪的，它似乎隱藏在社會生活的基底，保證社會的秩序與和諧，同時也反映出社會鬥爭。」

上一章提過的，新的中產階級在形塑他們自我認同的時候，常需要藉著消費行為取得，因此他們上百貨公司選購自己想要的物品，也藉由畫商的介紹（教育）買下印象派畫家的畫作，之後的年代，他們還能上演奏廳聆賞新的音樂、到劇院看新創的戲劇（雖然他們的經驗多為驚訝而非優雅），以這些可購得的「新」的藝術，來建構自己前瞻與時髦的形象。當然，我們仍然不要忘記，這些新的藝術所詆毀、攻擊的對象，正是這群「庸俗」的布爾喬亞。

塞尚所畫的畫商Ambroise Vollard肖像，若不是當時Vollard收購了不為人知的印象派、後印象派畫家畫作，再廣為宣傳鼓吹，這一場現代藝術革命未必會成功

　　在二十世紀初，能將印象派推上世界的中心，不只是大力宣傳的畫商、盡力教育大眾的美術館長、庸俗的布爾喬亞這些人的功勞，有一群身處「蠻荒邊陲」之地的「野蠻人」，厥功至偉——他們就是美國人。如果說十九世紀下半葉，法國印象派等前衛藝術家是藝術領域孤立的弱勢者，

那麼一位來自新大陸的美國女性藝術家，在巴黎藝術圈無疑是弱勢中的弱勢。各位還記得我們在前面幾個章節屢次提到的瑪莉・卡莎特嗎？雖然她出身富裕家庭，得以在十六歲時進入賓州藝術學院就讀，但那學校允許女性就讀是帶著錦上添花培育高雅「新娘」的意味的，因此，卡莎特邁向藝術淬煉的道路必得延伸到歐洲才能延續。兼具古典技法與新繪畫觀念的她，不僅戮力創作，也收藏同道畢沙羅的畫作，還將莫內、竇加、馬奈等人的畫作介紹給美國友人收藏，彼得・蓋伊說：「在現代主義的大業上，她是最有說服力的教育者，曾說動許多到法國旅行的富有美國人購買新繪畫，又在美國大力宣傳馬奈等激進的創新者（馬奈會被美國人接受，她的功勞無疑比最勤勉的畫商還大）。」（Gay, 2001）

美國女作家葛楚德・史坦，她以法國藝文沙龍的形式影響了一個世代的文藝風潮（Charlesimage / Shutterstock. com）

類似這樣角色讓我想到另一名美國女作家葛楚德・史坦，她以法國藝文沙龍的形式影響了一個世代的文藝風潮，小說家如費茲傑羅與海明威，藝術家如畢卡索、馬諦斯（是的，連前衛的卡莎特都視其為「騙子」，葛楚德竟敢買下他的作品），都曾徘徊流連在巴黎葛楚德客

廳沙龍中。德國藝術史作家弗羅里
安描寫「葛楚德總是穿著一種褐麻
衣服，坐在一張文藝復興時期的深
色椅子上，把腳伸到壁爐旁邊」，
我們在畢卡索畫的《葛楚德・史
坦》也得到這印象，她的眼神與長
她三十歲的卡莎特相似：自信、獨
立、聰穎，然而，她們的打扮卻南
轅北轍。卡莎特的傳記提到，她來
到法國的時刻是「巴黎正式轉型成
一流大城市的階段，科技使得這個
城市迅速成長，煤氣燈和電燈照亮
了室內和街道，延伸了晚間娛樂的
時間，大的百貨公司陸續開張，櫥
窗被燈泡、閃亮的裝飾物和貨品妝
點得更吸引人的目光，雜誌所介紹
的都是最新最時尚的產品」（李家
祺，1999），卡莎特與同赴巴黎
的姊姊穿著時髦，她們從時尚雜誌
與百貨公司裡獲得了流行訊息與商
品，而眾多讓人眼花撩亂的時尚雜
誌不僅刊登服飾流行資訊，還有旅

卡莎特多幅以其姊為主角的作品
場景是在歌劇院的包廂裡，除了
各式各樣綺麗的禮服外，仕女們
手上拿的望遠鏡、東方扇子（來
自日本的影響），莫不是當時最
時髦的配件

行、參觀畫展、欣賞表演等活動報導。卡莎特多幅以其姊爲主角的作品場景是在歌劇院的包廂裡，除了各式各樣綺麗的禮服外，仕女們手上拿的望遠鏡、東方扇子（來自日本的影響），莫不是當時最時髦的配件。

## 消費廣告與消費藝術

如果說，當時卡莎特與葛楚德或喜歡現代藝術的美術館長與畫商，都在向這個世界極力推銷那些尚不爲人所接受的觀念（藝術品或商品），以一種毅然決然的態勢要將現代主義介紹給現代人，那麼，事後證明他們都成功了，其所承受的壓力（或有質疑挑戰謾罵或是資金周轉不靈）被後來收受的讚譽（或利潤）抵消。在他們的年代不同的領域，也有這樣的導師、教母（其實是無意間引起風潮並非刻意爲之），但是他們冒的風險小一點，看見開花結果的時間早一點，而掀起的波濤亦並不比藝術來得小，他們因爲自身喜好而成了活廣告，爲時尚推波助瀾。

與奧斯曼聯手將巴黎改頭換面的拿破崙三世，其妻歐仁尼皇后便是十九世紀中葉以後巴黎時尚界的超級偶像。婚禮進行時爲她調香，得她所喜的是嬌蘭家族（Guerlain）香水；御用的馬具師傅則是愛馬仕（Hermès）；早在英國愛

德華七世之前，歐仁尼皇后即爲卡地亞（Cartier）的第一位
王室顧客；查爾斯・菲德列克・沃克因爲歐仁尼皇后的時常
光顧，被目爲高級訂製服之父；當歐仁尼皇后無論是快樂出
遊或黯然散心遠遊，爲她打包捆裝行李的業者就是路易威登
（Louis Vuitton）。若不說王公貴冑，另一些名人，如波特
萊爾、馬奈、普魯斯特，他們都是夏維（Charvet）襯衫的顧
客，而夏維的古龍水方形玻璃瓶據說是香奈兒五號香水瓶的
靈感來源。

拿破崙三世之妻歐仁尼皇后是十九世紀中葉以後巴黎時尚界的超級偶像

夏維的古龍水方形玻璃瓶據說啟發了香奈兒五號香水瓶的誕生（維基百科/
Fabrizio Sciami）

　　按照某些社會學家的看法，在資本主義發展之前，底層
階級會模仿上層階級的消費型態與品味，上層階級於是改
變以製造差異，或是追隨更上層階級的宮廷時尚，如此循
環。十八世紀的英國Wedgwood瓷器廠老闆就已經深諳這個
道理，透過行銷廣告來影響上層階級的品味，繼而引動底層
階級的人也搶購消費。大量製造以後的資本主義工業社會，
更是經由廣告形塑人們除了「需要」之外，「想要」的欲望
式消費。你可能會說，行銷藝術跟行銷物品是不一樣的，然

而，請不要忘記，藝術之為商品已有兩千年以上的歷史，我們更可以對比此一畫面：藝術品在拍賣會上待價而沽以錢幣為它秤斤論兩；歐仁尼皇后晚年流亡，鑲滿珍珠鑽石（也滿是政治外交權力財富等關係象徵）的王冠被拍賣，轉手於各國富商間，最終進了羅浮宮，以無價的藝術品之姿為眾人欣賞（享有）。

十九世紀中葉以後，中產階級無論是透過廣告買日用品、衣飾、工業產品，或是透過宣傳與教育認識（並有少數可消費）新藝術品，他們已經開始能左右商品在市場的存亡以及定義藝術品——在消費形成的大眾文化中生活的群眾，與在上層占有高級藝術的品味階級（此時已非王公貴冑而是某些有錢的布爾喬亞），這兩者之間交會擦撞出一個新的大哉問：「什麼是藝術」？當中產階級可以購買各式各樣「民主化以後的奢侈品」，那麼他們不也可以像貴族巨賈一樣挑選一件藝術品來裝飾自己的客廳？他們接著要問，什麼是藝術品呢？該花多少錢買呢？

那麼，藝術家呢？他們早先從接受訂製的工匠轉變成有主觀意志的創作者，將名字都簽上畫作了，也被社會大眾視為一種具有創造性、心智活動的職業工作者，他引領風潮獨立創作，你若欣賞且有能力收藏，交易就成了。但是事情總

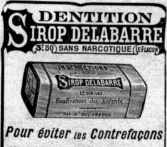

1897年法國報紙的時尚廣告（"La mode illustrée" by Firmin-Didot et Cie）

沒這麼簡單，萬一藝術家堅持己見，消費大眾實在不肯消受
（別忘記消費大眾會受到畫商、教育者及評論家，以及想模
仿的上層階級品味的影響），誰會先採取改變態勢呢？

## 藝術家與追求時尚的大眾

　　本書第一章就提過藝術與工藝的分流（發生的時間比資
本主義工業社會改變消費型態的時間來得早），以肖像畫來
說，文藝復興時代前的畫家以工藝師傅般的地位受僱於貴
族，畫中主角盡是達官貴人，到了十七世紀荷蘭市民階級崛
起，新興市民階級如醫生、軍官、公會成員，可以一起集資
聘僱畫家幫他們畫集體肖像畫；十八世紀的大衛受委託，
卻畫下極具個人革命激情的畫作（如《瑪拉之死》），也
不完全「聽命配合」委託者的主觀美學（如《赫卡米埃夫
人》）；十九世紀印象派畫家在抵拒主流藝術傳統的同時，
也意味著作品可能難以找到買家，他們以革命者之姿保留了
藝術家的頭銜，但大多陷於窮困，莫內是少數例外，而即使
如富貴之女卡莎特，也曾經在年輕時受美國教會神父委託以
三百元代價赴義大利臨摹宗教畫。獨立畫展後，為了宣揚新
藝術觀念，竇加與卡莎特辦雜誌，計畫將蝕刻畫印刷發行，
雖然雜誌最後未成功出版，然而他們此舉已是企圖將藝術載

《紅磨坊與拉‧古留小姐》，
1891年羅特列克最知名的海報
作品之一

至大眾媒體宣傳的概念（並實驗改進了版畫印刷技巧）。而稍晚的畫家羅特列克，除了藝術作品之外，他設計的海報別具價值，海報本來就是向大眾傳播資訊的媒介，但是羅特列克海報構圖與人物姿態表情都傳達了他的藝術觀念與繪畫技巧，若說他為海報設計注入藝術獨立而富情感的因子，那麼海報的傳布流通也提升了他世俗的知名度。

這一波波藝術家／消費者的權力拉扯（下放）時鬆時緊，不要說群眾的摸索不定，藝術家漫長的創作過程，受到政治、社會、經濟與自我等因素的左右，又豈能塑造出單一平面的藝術觀（或是價值觀）？我們來到二十世紀的藝術場景中，更要保持彈性的觀點，因為我們準備要面對的是畢卡索、米羅、達利、杜象一路到普普藝術的眾藝術家，而他們之間的扞格（或

1862年馬奈作品《草地上的午餐》，當時備受畫壇主流抨擊

者與傳統藝術觀念），絕不僅止於香奈兒與普瓦雷對階級、
風格、女性看法的差異而已，他們對彼此與大眾的爭論，根
本在於「是不是藝術」？

　　當藝術不再是殿堂中神聖供人瞻仰、不可複製之物時
（大量出現在報紙雜誌、藝術家為海報廣告設計），有人說
這就是將藝術獻給上帝以服務宗教為目的、轉而為藝術的存
在服務、再轉向為消費大眾服務的過程。彼得‧蓋伊認為

塞尚於1873-1878年間，仿作了《草地上的午餐》，藝術觀念更激進。之後畢卡索亦多次仿此作，與傳統藝術完全絕裂

畢卡索畫的女人美嗎？是藝術嗎？（Popova Valeriya / Shutterstock.com）

「達利是最懂得自我宣傳的現代主義者，輕易就擄獲了愛好
藝術大眾和閱報大眾的心……達利使用了迂迴方式去做一件
三十年後普普藝術家會用直接方法去做的事：把貴族藝術和
庸俗藝術融為一體。他的融合雖然低級，卻受到千百萬人喜
愛」（Gay, 2001）；而在1917年將現成品作為藝術品並取
名《噴泉》的杜象，破壞顛覆攻擊侮辱藝術（例如把蒙娜麗
莎像加上八字鬍）、挑釁沙龍與美術館，他不斷地模糊藝術
與非藝術的界線，且「以身試法」。然而，他卻也是資本主
義家族出身的佩姬・古根漢的藝術顧問，「佩姬感激地回憶
說，杜象教會她認識各個現代藝術最新流派的彼此差異」

達利是最懂得自我宣傳的現代主義者，輕易就擄獲了愛好藝術大眾和閱報大眾的心
（igormuller / Shutterstock.com）

（Gay, 2001）；而他另一個富豪好友兼最大客戶美國阿倫斯伯格夫婦，最後則將手上所有杜象的作品都遺贈給費城藝術博物館。彼得・蓋伊說得很好：「杜象自稱是藝術的復仇女神，卻又積極參與布置這座大『陵墓』的工作，而如今，每年都有許多藝術愛好者抱著參觀『傳統經典』的心情前往膜拜」（Gay, 2001）。

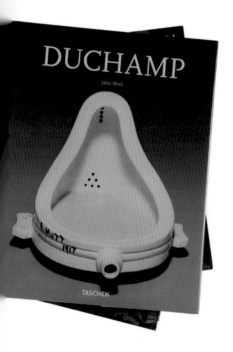

杜象1917年將現成品小便斗作為藝術品並取名《噴泉》（emka74 / Shutterstock.com）

杜象把蒙娜麗莎像加上八字鬍，並取名 L.H.O.O.Q.是法語"elle a chaud au cul"的快讀諧音，意思為淫蕩發情（emka74 / Shutterstock.com）

　　現代主義者懷抱著質疑藝術本質所起的革命，表現在杜象身上是「對追求原創性一往情深」，畢卡索是「對實驗的無休止渴求」，米羅則爲「風格是如何持續不斷地演變，如何不停地跟自己辯論」（Gay, 2001）。看似承自現代主義的普普藝術，卻規避了抽象表現主義，直接向大眾通俗文化取材，漫畫、廣告與商品都可入畫，以至於他們常流於膚淺、新奇但不耐看的批評中。我不禁想比較，當寶加一度爲了生活幫小說繪製插畫，但他（其他人也是）當時並不認爲這是一份多光彩多有成就的兼差，他認同的藝術大業仍是一幅幅手繪的畫作與一

普普藝術代表性人物安迪・沃荷經營成功，從商業的收穫到學者爲它背書；從六〇年代到二十一世紀，仍是一塊燙金名牌（Sergei Bachlakov / Shutterstock.com）

尊尊手雕的雕塑品。而普普藝術代表性
人物安迪‧沃荷年輕時也為月刊連載的
小說畫插畫，這卻是他矢志追求的工作
之一，能為他賺進豐厚的收入，大量印
刷與複製等商業藝術才是他預見（推
動）的藝術未來。普普藝術的確也取得
成功，從商業的收穫到學者為它背書，
從六〇年代到二十一世紀，仍是一塊燙
金名牌。

## 時尚愛藝術

　　六〇年代美國時尚新偶像之一賈
桂琳‧甘迺迪，由於其財力背景與品
味習慣，在還未當上第一夫人之前
穿的都是法國時尚名牌香奈兒、迪
奧、紀梵希等衣飾，後來因為身分的
關係，多與美國設計師合作，她與自
己的服裝設計師共同打造了一款露臂
A-Line及膝小洋裝，成為當時美國女
性趨之若鶩的款式。安迪‧沃荷也將

安迪‧沃荷將自己有名的康寶濃湯系列畫，印到布料上，裁成A-Line款式的小洋裝，讓買不起賈姬所穿高檔小洋裝的女性們，以較少花費滿足夢想（維基百科/Peloponnesian Folklore Foundation）

自己有名的康寶濃湯系列畫，印到布料上，裁成這款式的小洋裝，讓買不起賈姬所穿那些高檔小洋裝的女性們，以較少花費滿足夢想。不知道當時那些穿了高級訂製小洋裝的貴婦們，看到這種「壞品味」蔓延到大街小巷是怎麼樣的感受？不過，2013年的迪奧（Christian Dior）設計，倒是將安迪‧沃荷畫作印上當季發表的新裝，並言明向「藝術大師」致敬，我想像2013或14年購得此系列衣服的貴婦們，應該很樂於抬頭挺胸地向她們的朋友們介紹，這是普普藝術大師安迪‧沃荷哪！

光是Christian Dior的高級時尚還不足以讓人興奮嗎？昂貴的時尚還需要藝術為它加持嗎？我們在前文已經看見藝術與大眾對抗、靠攏的糾結過程，而最想獲得大眾支持的時尚，當此時代又如何看待藝術呢？

學者吳金桃（中央研究院副研究員）主持的一項國科會（科技部前身）專題研究計畫：《當代藝術與時尚贊助》，成果報告中有一精闢前言：「時尚和藝術一向都存在著某種曖昧的親密關係，此關係在過去二十年間越來越親密。西方全球名牌時尚（如Giorgio Armani和Hugo Boss等）介入藝術的動機當然有許多各自不同的原因與肇始，但至少都和它們的全球行銷、布局、營收等商業網絡有關」（吳金桃，

有名的康寶濃湯系列畫藏於紐約現代美術館（Museum of Modern Art, MoMA）（Anton_Ivanov / Shutterstock.com）

2007-2011），她在中央研究院發行的週報上另有一段文字：
「時尚名牌和藝術一向有著特殊的關係，而此關係隨著企業
介入藝術在1980年代達到高峰時，更顯得親密。……在城市
消費的奇觀裡，重要的不是所消費的東西，而是其地位和象
徵價值。於此，藝術已然成為全球菁英消費者所共通的語言
（Esperanto）。」（吳金桃，2012）

　　為什麼藝術是全球精英消費者的世界共通語言呢？「在
二十一世紀初後期資本主義的脈絡下，名牌時尚和當代藝術
幾乎為同一階層人所消費，一般而言，名牌時尚比較是屬於

昂貴的時尚還需要藝術為它加持嗎？（維基百科/Robert Perrier）

中上階級（upper middle class）、尤其是上層階級（upper class）的消費（雖然也常見許多中下階級的女性也會努力存錢購買心儀的名牌包），但就當代藝術的消費而言，情況可能比較複雜，「消費」當代藝術，意味著兩種不同的形式：觀看與購買，雖然人人可以觀賞當代藝術，但有經濟能力

可以購買當代藝術作品的卻是少數的上層階級，這兩種消費族群之重疊性，也正是爲何名牌時尚選擇介入當代藝術的重要原因之一。透過美術館的體制形式（尤其在西方社會裡，其董事更爲上層階級人士所擔任），名牌時尚一方面可以將其產品以藝術品的形式展出，一方面也藉由經營美術館的展覽形式／空間來提升其品牌形象與社會地位。」（吳金桃，2012）我們由此可看出實際參與建造這座新巴別塔的人並不多，但他們挑選了大家（衆圍觀者）都很熟悉的建材：藝術。

雖然人人可以觀賞當代藝術，但有經濟能力可以購買當代藝術作品的卻是少數的上層階級，這兩種消費族群之重疊性，也正是爲何名牌時尚選擇介入當代藝術的重要原因之一（Adriano Castelli / Shutterstock.com）

　　學者吳金桃觀察「每個名牌時尚結合、運用當代藝術的方式，也可能因其所在的國情、文化脈絡不同而採取不同的操作方式」（吳金桃，2007-2011），綜觀之，她整理出時尚與藝術的關係如下列幾種：名牌時尚與美術館的親密關係、名牌時尚創辦藝術獎、時尚精品業創辦自己的展覽空間、時尚名牌與名建築師合作移動的展覽／展覽空間、時尚品牌成立基金會統籌藝術文化活動、時尚企業自身的藝術收藏。

　　事實上，企業掏錢、提供場地贊助藝術家，這樣的作法由來已久，當代說法是「藝企合作」，早在西元前六世紀古希臘的工會、貴族、公民贊助戲劇家一整年的開銷，只求在酒神祭典的戲劇比賽拔得頭籌；文藝復興時代梅第奇家族大手筆贊助米開朗基羅等藝術家；另如前文提到美國古根漢家族的收藏。學者吳金桃在國科會主持的《當代藝術與時尚贊助》研究計畫，聚焦且「所關心的是當代藝術作為一種文化消費（介入當代藝術的名牌時尚通常非為直接由當代藝術獲利，買賣藝術品），在其進入名牌時尚商業消費的場域，當代藝術和名牌時尚所可能產生的相互的改變」（吳金桃，2007-2011），相互激盪與改變的例子，我們將在下一章「跨界」的主題中再繼續討論。

# Chapter 5

## 跨界與山寨

二十世紀初俄羅斯芭蕾舞團在巴黎，一躍跨過國度、文化、藝術的界線，時尚與藝術激盪出燦爛火花。

二十世紀末的地球村，學者認為時尚已然是個沒有文化界線的現象，它和藝術、建築如此不期然又奇觀似地結合在一起。

# 二十世紀初期藝術作品的跨界結合

　　跨界（crossover），是因為有界線，才有跨越的存在——那條界線可能存在於類別領域、學科、文化、種族或者性別上。伴隨著二十世紀前衛運動對藝術定義的鬆動，新媒體與新科技的介入，藝術跨界更是獲得重視：把界線框架拿掉，或將更多素材與觀念置於此框架中，以創新誕生不同意義的藝術品，是為藝術家常運用的手法。最令大家「印象深刻」的或許是達達（DaDa）的跨界，視覺藝術（有人不認為達達的視覺藝術是藝術）與表演藝術（也有人認為達達的表演不是藝術）、文學詩歌的交揉演出，嚴肅與惡搞並置、熟練與即興兼有。達達主義者的憤懣來自於認為藝術家無論如何都與布爾喬亞沆瀣一氣，因此詩人查拉說：「達達的開始不是藝術的開始，而是厭惡藝術的開始」（Gay, 2001）。

　　如果不是出於惡搞，而僅僅是出於對現代主義品味的堅持呢？這個例子來自一個芭蕾舞團，也就是我們在第三章提到的俄羅斯芭蕾舞團。此一由佳吉列夫（Serge Diaghilev）擔任經理人的舞團不僅僅啟發了普瓦雷這位時尚設計師（女性哈倫褲與東方趣味的印花布運用），它對於現代音樂、芭蕾舞蹈的影響更是直接而深廣。前者如年輕的史特拉汶斯基（Igor Stravinsky），一位在古典音樂技巧與現代音樂

思想養成下的俄羅斯作曲家，應佳吉列夫邀請寫出了《火鳥》、《春之祭》等掌聲與噓聲齊飛、熱烈引人矚目的芭蕾舞劇，奠定其終為世人認識的現代主義音樂家的基石；後者則是舞者出身的編舞家巴蘭欽（George Balanchine），比史特拉汶斯基小上二十歲的巴蘭欽也是佳吉列夫慧眼識得的少年英雄，而這位編舞家不僅刺激了與他合作的史特拉汶斯基作曲風格的多變，在佳吉列夫去世以後，當巴蘭欽輾轉來到美國，又歷經漫長歲月，終於催生了紐約市立芭蕾舞團，也再度召喚出史特拉汶斯基的芭蕾舞音樂作品。

1911年俄羅斯芭蕾舞團，由尼金斯基主演的芭蕾舞劇《仙女》（La Peri）海報。舞團的服裝設計師巴卡斯（Léon Bakst），將東方異國情調、大膽幻想的奢華瑰麗帶到巴黎，影響了普瓦雷

　　這個例子說到此處，不過是統攝於芭蕾舞劇這一項表演藝術下，音樂與舞蹈兩大元素的合作，算不上跨界。真正的跨界是佳吉列夫邀請了畢卡索、布拉克、夏卡爾、米羅、馬諦斯等藝術家，為芭蕾舞劇設計舞台布景、舞衣。布景繪製當然還是跟畫家的專業相關，不過他們在舞衣設計上展現的造型、圖案與用色，的確既不同於正統的芭蕾舞衣，也有別於畫家自己的畫作風格，頗見趣味。而這層趣味在當時是不是也引起布爾喬亞的關心與消費，還是如佳吉列夫所稱芭蕾

畢卡索為俄羅斯芭蕾舞團作品《遊行》（Parade）設計布景（維基百科/Jean-Pierre Dalbéra）

畢卡索爲俄羅斯芭蕾舞團作品《遊行》設計舞衣（維基百科/Jean-Pierre Dalbéra）

舞劇須有音樂、舞蹈、舞台布景與服裝設計完整搭配的「專業堅持」？史特拉汶斯基在自傳裡可能給了答案：「我當然不認爲它（指《火鳥》）的成功是單靠樂譜。」這個無法在俄羅斯演出的俄羅斯芭蕾舞團，因其標新立異選擇（也適合）在巴黎落腳，颳起的旋風除了吹向表演藝術界、視覺藝術界，如前所述還有時尚設計圈。不過這次不是由時尚設計師來此汲取靈感，而是與史特拉汶斯基交情甚好的香奈兒，在1924年爲舞團新作《藍色列車》設計製作了舞衣。這一

年巴黎舉辦奧運，香奈兒以擅長的針織布打造出運動風，簡單俐落的線條搭配單純用色（整套單一色或邊緣綴以彩色線條的大面積單色），將游泳、網球、高爾夫球的裝束轉化為芭蕾舞衣，順帶一提，此作品的布景正是畢卡索所繪*。

俄羅斯芭蕾舞團原來即有專屬的服裝設計師巴卡斯（Léon Bakst），也就是他將東方異國情調、大膽幻想的奢華瑰麗呈現在芭蕾舞作中，除了普瓦雷深受吸引，許久以後，向以俐落都會風格著稱的法國時尚設計師聖羅蘭（Yves Saint Laurent），於1976年推出一系列向巴卡斯致敬的時裝設計，色彩繽紛質材奢華，帶著強烈的東方俄羅斯色彩——從1909年落腳於巴黎至1929年隨著佳吉列夫去世而解散的俄羅斯芭雷舞團，除了在表演藝術界成了「時尚品牌」，往後數十年這股總體劇場藝術影響力還持續影響著時尚界。當然，聖羅蘭多次向現代藝術畫家取經，直接運用於時裝設計上，展現他對藝術的偏好，我們在之後的篇章會再提到。

* 可參考：https://www.youtube.com/watch?v=7HpRsbQp3E8

　　許多評論者認為，佳吉列夫會堅持在巴黎撐住一個舞團（運作一個舞團維持收支平衡是相當不易的，因此舞團之後也開始到異地巡迴），是想要提供一個平台讓現代性的音樂、舞蹈與現代性的視覺藝術、時尚，能交融震盪出更強大的新藝術型態。「創新時髦」正是佳吉列夫掌握到法國布爾喬亞的身體與內在的一股能量，然而他更前進一步（他的藝術家們更是），引出這股求新求變的能量為舞團製造話題引起媒體關注，好讓他的「藝術平台」可以繼續營運。一如佳吉列夫觀察到，當時在巴黎能支持前衛視覺藝術的布爾喬亞也會接受他們的前衛芭蕾舞劇，因此他邀請這些畫家們跟他一起打造異端（distinction）新天地，彼此加分拉抬。

## 當代時尚與藝術的關係

　　我們在前一章已徵引吳金桃博士提出的觀點，在1980年代以後，名牌時尚選擇介入當代藝術的重要原因之一，是因為消費時尚名牌與購買當代藝術品的族群是重疊的，「透過美術館的體制形式（尤其在西方社會裡，其董事更為上層階級人士所擔任），名牌時尚一方面可以將其產品以藝術品的形式展出，一方面也藉由經營美術館的展覽形式／空間來提升其品牌形象與社會地位」，我們再佐以法國社會學家布赫

迪厄的觀點來看：「經濟因素與物質條件，雖然是解釋階級差異的最終準則，但階級的遊戲規則，乃是以文化的形式呈現」（Bourdieu, 1984），因此，時尚品牌對其產品追求精緻昂貴的定位外，仍唯恐消費者尚不能取得對應於其階級孚「眾望」的眼光，還必須藉著藝術、建築等文化形式的「跨界相挺」，提供更多產品附加價值。

吳博士在其主持的《當代藝術與時尚贊助》研究計畫中，將時尚與藝術的關係略分為六種，我們逐一扼要來看：

一、名牌時尚與美術館的親密關係，「這兩者的關係，可有兩種不同的形式存在，一者為時尚對美術館展覽的贊助（sponsorship），一者為時尚服飾在美術館中的展出」（吳金桃，2007-2011）。YSL、亞曼尼（Giorgio Armani）和香奈兒（Chanel）等時尚大牌對於世界各地美術館的贊助都未缺席（此贊助型態一直延續至二十一世紀）。而時尚服飾則多在兩類美術館中展出，「第一，有些美術館的收藏偏向crafts，而非一般所謂的『純藝術』，在這類的美術館典藏項目中，往往有服飾的部分，如倫敦的Victoria and Albert Museum為英國國立的藝術與設計美術館，服飾收藏一直是開館以來的典藏項目。……第二，或者如某些所謂的『Universal Survey Museum』，其收藏包羅萬象，服飾往往

也是其中的一部分，如紐約的大都會美術館（Metropolitan Museum of Art）」*。

　　二、名牌時尚創辦藝術獎，「企業所贊助的藝術獎是以特殊的形式，進入公共集體的意識，藝術獎是經由比賽、同儕的評審而來的結果，帶有價值判斷，以及因此而來的

＊　作者按，北美館也曾經與Victoria and Albert Museum共同策劃，分別於2004、2005年兩館接續為英國當代時尚設計師Vivienne Westwood舉辦三十年回顧展。

Christian Dior1954年經典套裝，收藏於Victoria and Albert Museum，此為英國國立的藝術與設計美術館（維基百科/Mabalu）

紐約大都會美術館收藏的服飾，Charles James設計（維基百科/Aka Hige）

Hugo Boss和古根漢美術館合辦的Hugo Boss獎於紐約頒發，這是2010年得主之一，中國藝術家曹斐（lev radin / Shutterstock.com）

品味高下。對於參與的人來說，這意味著在公開的競賽裡，某種特殊『傑出』品牌的認定，因此，從某方面來說，也就像得到公眾的認可。作為這類獎項的贊助人、主辦人，根據『與有榮焉』的原則，因此也就是把自己放在這個『傑出』品牌的最中間，占據光鮮亮麗舞台聚焦的中心。也就是說，企業在很短的時間內，可以成為藝術圈裡的當權者和機制。名牌時尚所介入的當代藝術獎，規模大的、知名度高的，如Hugo Boss和古根漢美術館合辦的Hugo Boss獎，小規模的，則如Hermès在韓國開辦的Hermès Korea Missulsang獎。」（吳金桃，2007-2011）吳博士在中研院發表的另一篇文章〈Hermès於亞洲：時尚名牌、精緻藝術和市場〉提到：「Hermès韓國當代藝術獎成立於2000年，……曾一度是韓國最大的藝術獎，此選拔過程和展覽機會為此獎及其贊助者Hermès在當地的媒體得到諸多好評，Hermès被形容為『最慷慨支持本地

藝術家的外國企業贊助者』。」（吳金桃，2012）至於規模更大（野心企圖亦然？）的Hugo Boss獎，研究計畫報告指出「Hugo Boss借了前衛藝術的新衣，重新妝點過的品牌，到底有多成功呢？HugoBoss提倡、支持某種特定的國際主義（internationalism），可說與它支配全球市場的野心，相輔相成，其中一個很重要的標誌是『政治正確』。Hugo Boss獎是由一群國際性的評審擔任，其主要的工作是提出一份國際性的入圍名單，……提出一份含有『五大洲』藝術家的名單。」\*（吳金桃，2007-2011）

\*　作者按，Hugo Boss在2013年與上海外灘美術館合辦「亞洲新銳藝術家大獎」，循其與紐約古根漢合作的模式進行，Hugo Boss認定的時尚新貴與文化新霸主，也許很明顯了。

## 街道伸展台的名家布景

此研究計畫論及時尚與藝術的第三種、第四種關係，都牽涉到空間、建築。美國建築評論家保羅・高柏格（Paul Goldberger）曾說過：「當建築超越了擋風遮雨之後，才開始變得重要。從那時起，建築開始向我們傾訴這個世界，也開始有了藝術的特質」，姑

普立茲建築獎得主妹島和世與西澤立衛合組的工作室SANAA，為Dior在東京表參道設計的旗艦店（維基百科/Kakidai）

\* 此乃普立茲建築獎2010年得主妹島和世與西澤立衛於2003年所設計的建築

且不論時尚企業紛紛找來建築大師設計精品店鋪，是不是因為如此詩意的理由，至少，建築是一矗立在街上極明顯的實體符號——顯眼、藝術、名家，時尚企業再也找不出比這更好的「公共空間」宣傳組合了吧？我們繼續介紹時尚與藝術的關係：

三、時尚精品業創辦自己的展覽空間，吳博士指出「過去十年間似乎有愈來愈多的時尚精品業，開始經營自己的展覽空間。這包括最早的Cartier、Hermès以及後起直追的Louis Vuitton（以下簡稱LV）、Prada以及PPR（Pinault Printemps-Redoute）」（吳金桃，2007-2011），這些西方時尚企業除了於品牌誕生地創辦經營展覽空間之外，也在日、韓兩國旗艦店設置，甚至也有像Dior在法國總部沒有展覽空間，但是「在東京的旗艦店設有兩層樓的所謂Dior Museum」\*。「而專門以當代藝術為展覽主軸的典型的例子則是Hermès與Cartier」（吳金桃，2007-2011），前者在日本與韓國都稱為愛馬

1994年Cartier巴黎總部的現代語彙建築落成，由尚・努維爾（Jean Nouvel）
設計，他之後於2008年獲得普立茲建築獎（lembi / Shutterstock.com）

仕之屋，規劃有相當規模的當代藝術展覽空間，每年更換的
展覽檔期也包括了Hermès韓國當代藝術獎入圍作品展；至
於後者「就一般的企業贊助而言，許多活動往往著眼於當下
的廣告效益，做短線的操作，能維持十年以上的贊助本已不
多見，而Cartier於過去二十八年來一直參與著當代藝術的製
作、展覽與傳播，也算難能可貴」（吳金桃，2007-2011）。
而Cartier巴黎總部的現代語彙建築，正是由2008年獲得普立
茲建築獎的努維爾於1994年設計的，吳博士在另一篇文章
〈卡地亞皇冠上最明亮的珠寶：藝術贊助〉中，記錄了她採

訪卡地亞基金會策展人格隆尼的一段話，格隆尼認為「這個空間非常的美、明亮而具有彈性，藝術家不需要費太多力氣在此展覽」（吳金桃，2011）。

四、時尚名牌與名建築師合作移動的展覽／展覽空間，「某些名牌利用與名建築師的合作，創造可移動的藝術空間，或作為展覽空間，或作為小電影院之用（如H-Box），

香奈兒的Mobile Art是由2004年獲普立茲建築獎的札哈‧哈蒂（Zaha Hadid）設計（維基百科/NiaLDracula）

或兼具多種功能（如Prada Transformer），好不熱鬧。這些可移動的藝術空間，既享有時尚名牌的知名度，又有名建築師光環的加持，更遑論時尚品牌超強公關預算的強力放送，使得這些可移動的藝術空間彷彿是藝術品本身，頗值得討論，這包括有Hermès的『H BOX』、Chanel的『Mobile Art』以及Prada的『Prada Transformer』。」什麼是H BOX？「錄像藝術的遊牧建築裝置（video art in a nomadic architecture unit），是一個可以完全拆解、移動並重新組裝的影片放映室，約可容納12人」，受委任的藝術家於此播放錄像作品，並於世界各大城市巡迴；而香奈兒的Mobile Art是由2004年獲普立茲建築獎的札哈·哈蒂（Zaha Hadid）設計，「外型猶如白色圓滑幽浮，內部其實是個螺旋式的展場，占地700平方公尺，流暢的線條符合其流動藝術之名」*（吳金桃，2011）。

不同於前兩者的移動空間特質，Prada Transformer則是一個固定置於首爾慶熙宮前的四面體多功能展場，而此計畫還與LG集團

*　擅以台灣花布為素材的藝術家林明弘，受邀於2008年Chanel Mobile Art展期，運用6萬5000片菱形磁磚（香奈兒經典的菱格紋）在展場的地板上拼出花布圖案，圖案也包括了香奈兒的山茶花。

共同出資，請來另一位普立茲建築獎得主庫哈斯（Rem Koolhaas）設計，他設計了「四個面向分別為不同的幾何圖形（長方形、十字形、六角形與圓形），分別代表時尚、電影、藝術及文化活動，從2009年四月至九月，Prada Transformer依序進行這四種主題活動，而展場本身則依據不同活動作翻轉和變形」（吳金桃，2007-2011），半年的活動結束之後，此展場也在原地拆卸。

## 品牌運作的藝術基金會

*　作者按，此建案於2014年完成，外觀果如法蘭克・蓋瑞的風格，前衛醒目，我們之後將再討論。至於布洛涅森林，就是此書第二章提到巴黎貴婦散步約會的幽靜森林。

　　五、時尚品牌成立基金會統籌藝術文化活動，此報告概述了包括Hermès、LV、Cartier、YSL、 Montblanc、Prada等六個品牌，設立基金會「統籌品牌內有關於當代藝術或文化的各種活動與運作」之實例。如前文提及的建築師努維爾設計了Cartier基金會、法蘭克・蓋瑞（Frank Gehry）為LV在巴黎布洛涅森林的基金會設計建築*、庫哈斯

為Prada在米蘭設計結合博物館功能的基金會建築*。

研究計畫成果另提到，1986年法國文化部長請Cartier基金會藝術總監擬訂企業贊助法，翌年通過此法；而Montblanc基金會除了設立視覺藝術獎項，亦贊助音樂類的藝術表演，規模逐漸遍及全球。

六、時尚企業自身的藝術收藏，由於收藏展品毋須公開，此研究計畫指出「目前所能收集的資料相當有限，只知Cartier基金會、Montblanc、Prada基金會及LV都有當代藝術的收藏」（吳金桃，2007-2011）。Montblanc基金會的收藏對象以年輕具潛力的藝術家作品為主，而某些藏品亦會陳列在世界各地的店鋪中，或是委託藝術家設計限量藝術手提袋販售。「Montblanc的藝術收藏只限於委託藝術家以logo創作的作品，相較之下，Cartier和Prada的收藏似乎顯得較具『藝術專業』些。」不過，吳博士也觀察到「Montblanc和Cartier的當代藝術收藏都是由企業的基金會

* 作者按，2015年五月落成，新舊建築並存的米蘭Prada基金會展館，以現代視覺藝術、電影的展覽與放映揭開啟用序幕。

法蘭克・蓋瑞（Frank Gehry）為LV在巴黎布洛涅森林的基金會設計建築
（維基百科/Daniel Rodet et Frank Gehry (architecte du bâtiment)）

庫哈斯（Rem Koolhaas）為Prada在米蘭設計結合博物館功能的基金會建築
（bepsy / Shutterstock.com）

2015年5月完成新舊建築並存的米蘭Prada基金會展館，以現代視覺藝術、
電影的展覽與放映揭開啟用序幕（Paolo Bona / Shutterstock.com）

主導，公司也認同介入當代藝術的操作在某種程度上也是在
建立公司的形象，或是作公共溝通。相較之下，Prada基金會
的運作和收藏，主事者的Miuccia Prada常常表示其藝術方面
活動與其Prada企業是兩回事。直到2008年與《紐約時報》
Michael Kimmelman的訪談時才鬆口：『當初我想保持藝術和
時尚完全分開是有點荒謬的。』」（吳金桃，2007-2011）前
文提到Prada基金會所在地米蘭展館之外，還有威尼斯展館，
都曾展出基金會藏品。

　　以上，就是此專題研究計畫提出的六項藝術與時尚的關係。

　　雖然基金會都以提升社會的文化與藝術為設立宗旨，仍不能避免其規劃之贊助或各類型活動與品牌的關係。之前引用的〈Hermès於亞洲：時尚名牌、精緻藝術和市場〉一文中，吳博士引述了Hermès藝術總監Pierre-Alexis Dumas對這些藝文活動的想法：「它是企業贊助的一部分，也是一個

商業空間的美感化、甚至是美術館化（museumification），其目的不只在於銷售物品，也彷彿是讓客戶置身其中的精緻廣告（walk-in advertisement），更是作為一種品牌的定位，販售的是獨特的生活方式及經驗──此也正是奢侈品最中心的意涵。圖為新加坡的Louis Vuitton旗艦店（Sorbis / Shutterstock.com）

支持年輕有潛力的藝術家並拉高知名度的方法，但不只如此而已，讓我們的機構能參與各個創意的領域，對我們是相當有利的。多元化對我們也是重要的，從建築到設計到當代藝術，我們必須一直保持創造力，否則就會面臨乾涸（drying up）的危機」，然而吳博士認爲這只是時尚品牌的說法，她指出「從Hermès的例子，我們可以看到，商業空間的美感化、甚至是美術館化（museumification），其目的不只在於銷售物品，也彷彿是讓客戶置身其中的精緻廣告（walk-in advertisement），更是作爲一種品牌的定位，販售的是獨特的生活方式及經驗——此也正是奢侈品最中心的意涵」（吳金桃，2012）。

## 取消界線

　　前引這篇文章的結論很精闢（也將開啓我接下來想討論的話題），它是這樣的：

　　如此炫耀性消費（conspicuous consumption）的象徵意義，很容易迷失在這些華麗、令人目眩的陳列中，而這些吸「睛」的精品，充其量不過是其表面的特色。這些精品本身和用來襯托它們的環境，其實是一種更爲複雜的文化系統符

號。法國理論家Roland Barthes描述時尚是一種符碼，指向一意義的系統，於其中，雖然表面上看起來或許不是如此，但我們賦予物品的描述與呈現遠比實際物品來得重要很多。Barthes指出，我們慾望的對象並非物品本身，而是我們賦予物品的稱號。因此，我們集體賦予、投注於物品的意義，才是真正的賣點，而非擁有物品的夢想。如果Barthes曾活在此全球化的時代，他或許會說時尚是個沒有文化界線的現象，但我想Barthes或許無法預視到，時尚的語言會和藝術、建築如此不期然又奇觀似地結合在一起。儘管如此，時尚和藝術的聯姻，不論其如何跨越國家的邊界，它對金字塔頂端的極少數階級的意義，遠遠超過在社會底部的芸芸眾生。（吳金桃，2012）

那麼，這奇觀（spectacle）對廣大中產階級的意義又是什麼呢？法國哲學家Guy Debord，受到羅蘭‧巴特（Roland Barthes）的影響，發展出「The Society of the Spectacle」一詞，概略地說，在一個消費社會中，社會生活與生活本身無關，而是關乎擁有（having），因此，spectacle利用各種視覺意象，傳達人們需要且必須擁有的訊息，以強化擁有的欲望。但到了最後，擁有的欲望，也會進化（退化）為形似（appearance），也就是欲望的對象只剩下外表形貌。置身於此奇觀構成中的人們，終將被商品牢牢掌握，簡言之，所

羅蘭‧巴特或許無法預視到，時尚的語言會和藝術、建築如此不期然又奇觀似地結合在一起（Philip Bird LRPS CPAGB / Shutterstock.com）

有的一切皆是spectacle，也皆是可買賣的商品，並且這樣的現象，如吳博士文末所言是充滿著階級性的。

　　而在此奇觀社會中，歷史消失了、文化界線模糊了、整體性消失了，舉例來說，建築師法蘭克‧蓋瑞的「本業」成就已經相當亮眼，當他跨足家具設計、珠寶設計，我們自可以用古典的說法稱他是多才多藝的「通才」，但是當他爲女神卡卡在洛杉磯當代美術館演出設計帽子，正可說明奇觀社會中什麼都可以賣（藝術、娛樂與建築、設計交織的賣

點），只要是「明星」代言，什麼都不奇怪。此類的例子還有日本視覺藝術家村上隆與LV漫長十二年的合作；日本前衛藝術家草間彌生在歐美藝術界走紅之後LV也與她合作；建築師札哈‧哈蒂設計的前衛芭蕾舞團舞衣、各式家具、鞋款……。

當代奇觀社會的特徵除了上述的跨越疆界，其他如支離破碎、喪失深度與意義、拼貼、挪用，都顯得與現代主義表現內在與追尋自我主體大不相同了。舉例來說，當六〇年代時尚設計師聖羅蘭出於對現代藝術繪畫的喜愛，莫內、達

法蘭克‧蓋瑞以層層瓦楞紙與纖維板材料設計出的單椅Wiggle Side Chair（維基百科/Dom Brady）

Louis Vuitton 2012年開始與日本前衛藝術家草間彌生合作（Kevin Hellon /
Shutterstock.com）

利、畢卡索與蒙德里安的作品都成爲他的靈感來源，或將其
畫作轉成印花布、或將其空間觀轉成服裝版型，目的都是以
時尚設計向這些藝術家「致敬」；而杜象將蒙娜麗莎畫上鬍
子，則是爲了「褻瀆」主流藝術觀的神聖。致敬或褻瀆，都
有強烈的意義，這意義背後包含了歷史的脈絡、美學的承襲
與悖離、主體的決策與思考。然而，當我們看到九〇年代以
後音樂MV的拼貼、文化藝術的抄襲與諧擬（parody）、時尚
設計師的各種挪用，則更像一場喧嘩的狂歡會。

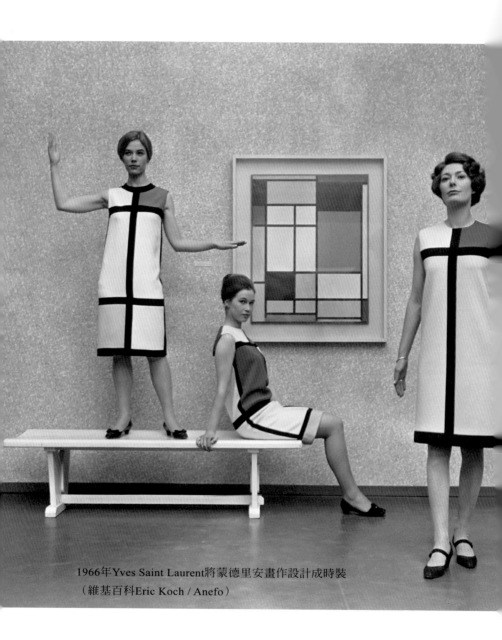

1966年Yves Saint Laurent將蒙德里安畫作設計成時裝
（維基百科Eric Koch / Anefo）

## 山寨、抄襲或諧仿

在這個撩動所有人消費欲望的世界裡，藉由傳播媒體，人們更易於辨認時尚精品的符號與特色，類似「借代」的概念，參觀故宮博物院結束的觀光客，為自己挑選一個翠玉白菜手機吊飾，這個複製小物就代表他與歷史、觀光浪漫想像的連結。博物館的紀念品是一項被許可認證的可炫耀複製物，對比「山寨」盜版的閃躲曖昧，正說明「正典」「授權」與「剽竊」「抄襲」的分野。那麼，什麼是諧擬（parody）？這種舉動有沒有侵犯智財權呢？

贗品自古即有，仿冒大師、仿造年代、假稱自宮廷

1990年代以後音樂MV的拼貼、文化藝術的抄襲與諧擬（parody）、時尚設計師的各種挪用，更像一場喧嘩的狂歡會（維基百科Eric Koch／Anefo）

富貴人家流出，或純粹只是因為其他商家的產品熱銷因此仿製，贗品的製作者手藝也許一流，但無不被唾棄不屑，不過，二十世紀義大利卻有一個反例。1977年Miuccia Prada剛接掌家族品牌，在國際皮革博覽會上撞見抄襲自家皮包的廠商，原本憤怒（擁有正典權利）的她，卻被剽竊抄襲者反譏墨守成規，令人意外的是，Miuccia竟聘僱了抄襲者，與之合作，而後兩人不但是事業夥伴還結為婚姻伴侶。像這樣「美好」的逆襲情節並不多見，前此流行語「A貨」，之後網路購物用「外貿原單」來指稱複製仿冒品，都是見不得光、有法律責任的剽竊行為。前者情節較嚴重，因為從設計、用料到商標皆維妙維肖，務使消費者得到以低價換得真品的滿足感；後者因為沒有明顯logo的模仿，又加上「快速時尚」的興起，因此它複製的是快速時尚模仿時尚大牌之後的款式，還是直接拷貝時尚大牌，已顯得撲朔迷離。

　　快速時尚，也就是社會底層的芸芸眾生能消費得起、且上得了檯面（社群網絡）的時尚品牌，如眾所周知的Zara、H&M、Uniqlo。不過這條時尚之路並非以讓人擺脫A貨為目的（要跟新貴名媛來往或許無法只穿戴快速時尚），它快速捕捉拷貝當季時尚品牌的流行風向，是為了創造年輕時尚的話題趨勢。而更令人印象深刻的是頂尖網球、高球選手（這些運動也是金字塔頂端消費的象徵，總令人想到費茲傑羅的

快速時尚，也就是社會底層的芸芸眾生能消費得起、且上得了檯面（社群網絡）的時尚品牌，它快速捕捉拷貝當季時尚品牌的流行風向，創造年輕時尚的話題趨勢（J. Lekavicius / Shutterstock.com）

《大亨小傳》）在全球注目的賽事中，披掛的戰袍秀出那一方小小紅色方框的Uniqlo字樣，廣大的「新貧」消費者看到此景應該獲得了極大的安慰與榮耀。的確，這些快速時尚的流行腳步，反過來逼得時尚大牌調整一年兩季的設計頻率，也擊垮了一些時尚品牌的成衣系列，彷彿又帶來另一波奢侈品民主化的革命，不過這也會造成過度消費的疑慮，成衣製造業已是環保最嚴重的殺手之一。

喬柯維奇在2016澳洲網球公開賽拿下冠軍，他代言的Uniqlo球衣常隨之頻
頻曝光（Leonard Zhukovsky / Shutterstock.com）

至於時尚品牌的回應是什麼呢？就商業而言，2012年興
起了一波時尚大牌的設計總監離職潮，原因是銷售量下滑，
品牌企業開除設計師，或是追趕更頻繁的換季導致工作量暴
增，設計師不堪負荷而請辭。我們再往回頭看一段時間，其
實時尚界在上個世紀末，許多品牌就已經被集團併購經營，
最有名的就是LVMH、PPR兩大集團（Miuccia Prada那位完
全著眼生意的夥伴丈夫也收購了一些品牌），因此，原本品
牌的時尚風格已遠遠落在利益考量之後。一個有趣的例子：

當設計師Jil Sander將同名品牌賣給Prada集團之後，因為與經營者理念不合遂離開品牌，後來品牌轉手，Jil Sander三進三出，沉潛期間與Uniqlo攜手推出聯名款，反而成為一般大眾最熟悉的商品。此外，還有義大利時尚品牌Moschino設計師Jeremy Scott，於2014年推出的「麥當勞」系列，以fast food的意象嘲諷fast fashion，然而行銷時卻仿效快速時尚，當季發表當季販賣標榜「快閃限量」，借力使力造成話題（此力是取自麥當勞與快速時尚）。麥當勞、海綿寶寶、汽水洗衣粉品牌都躍上了Moschino的衣服，Jeremy Scott有沒有取得授權？諧謔之作需要授權嗎？

Moschino設計師Jeremy Scott，於2014年推出的「麥當勞」系列，以fast food的意象嘲諷fast fashion（Tinxi / Shutterstock.com）

Jeremy Scott據知並沒有被這些異業廠商告，相反地，還有人認為麥當勞應該付廣告費給他，因為大家都知道Jeremy Scott的諧謔沒有任何「惡意」，只要談得來，他都可

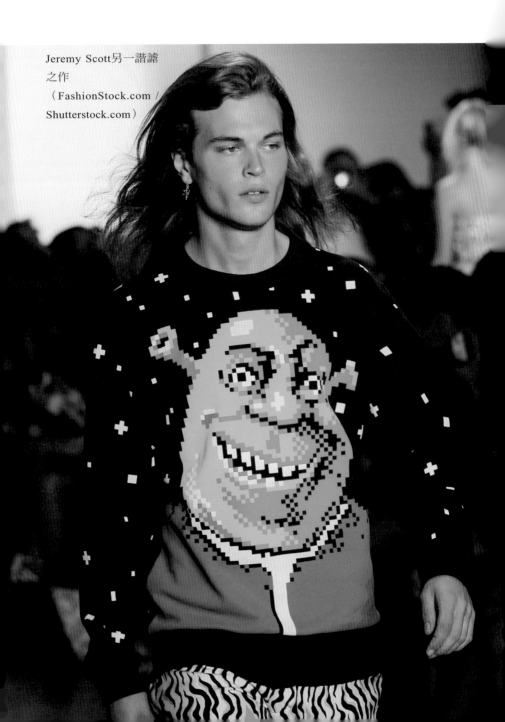

Jeremy Scott另一諧謔
之作
（FashionStock.com /
Shutterstock.com）

以發揮創意跟你推出聯名款，愛迪達的天使翅膀鞋、任天堂的瑪莉歐T恤、可口可樂的乳牛包裝……，Jeremy Scott的諧謔有收益，被諧謔的對象或許會感到與有榮焉。但是台灣2011年嬌蕉包廠商就沒這麼「幸運」了。愛馬仕柏金包提告嬌蕉包剽竊侵權的對簿公堂事件，並沒有如1996年美國狗用咀嚼玩具開LV玩笑被告，法院以該諧式商標來定義此案，判被告勝訴。愛馬仕與台灣嬌蕉包訴訟拖到第二年，民事部分達成和解，刑事部分嬌蕉包公司仍被判有罪。弔詭的是，日本（TaTa Baby）也有類似這種將柏金包圖案熱轉印到帆布包上販售的包包，業者卻未被提告，據傳還引起愛馬仕公司的興趣。美國HLW更是以各式各樣的名牌包為轉印樣本，在台灣也有分店，登上時尚雜誌、流行節目，還打出環保訴求口號。

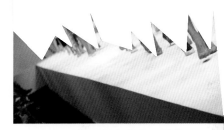

Jeremy Scott的諧謔有收益，被諧謔的對象或許會感到與有榮焉（FashionStock.com / Shutterstock.com）

　　有人認為戲仿是一種攀附，它的確也是，但我們仍得不斷追問：杜象拿現成品簽名，成了藝術品；安迪‧沃荷也戲仿，但成了大師。使用或販賣Ａ貨、山寨品是不對的；拼貼致敬可以、戲仿諧謔不可以太超過？有人認為只要不涉及商業販售行為，可以比較自由，但別忘了，我們已身處一個什麼都可賣的世界了，界線是什麼？它還存在嗎？

# Chapter 6

## 喧囂與孤獨

她那虛偽的世界裡充滿了蘭花的芬芳、
勢利的愉悅和樂隊的歡歌，正是那些樂
隊定下當年的基調，用新的旋律總結了
人生所有憂傷和啓示。薩克斯風哀訴
著，吹奏出《比爾街爵士樂》的無望曲
調，一百雙金銀舞鞋揚起閃亮的塵土。
　　　　　　——費茲傑羅《大亨小傳》

## 當我們用藝術描繪時尚：以女性為例

　　有人說，壞女人才能造成新時尚。這「壞」，是出格、是顛覆、是破壞，但我開始要談的不是出賣自己靈魂的那一路：拜金（也許終究會走上那條路去，我們之前說了，原意不為出賣，但是當一切「皆是spectacle，也皆是可買賣的商品」，「她」無法從中遁逃，且變本加厲地參與）。「壞」女人把束腹丟了解放身體線條，「壞」女人跟男性爭辯挑戰父權，「壞」女人弄亂自己的房間不做家事一心創作，香奈兒、克勞德·卡恩、維吉尼亞·吳爾芙，她們就是這樣，美國畫家卡莎特、英國畫家葛文·約翰，文學家葛楚德·史坦，她們也是這樣。她們有些人驚世駭俗，作品與自身都如此，有些人作品前衛但外表打扮合於當道，無論何者，她們都告訴了世人，「不自由毋寧死」——創作的自由、作為女人（人）的自由。

　　出生於十九世紀末的吳爾芙，曾經想像如果莎士比亞有一個才華洋溢的妹妹，她能像莎翁一樣寫下作品揚名立萬嗎？吳爾芙的答案是否定的，然而她揣測自己卻是一個「全英格蘭唯一可以隨心所欲創作的女人」。學者許甄倚寫道：「由於所處的時代即是班雅明所謂的機械複製時代，吳爾芙作家本身的日常生活，即是浸淫在瑣碎充斥、商品廣告氾濫

的流行文化及消費主義逐漸成爲主流意識的
社會裡」（許甄倚，2012），這位總愛穿丈
夫的男式大衣的女作家，在她的小說中讓女
主角爲了張羅宴會而親自去買花，或是藉著
買一枝鉛筆的理由而遊逛倫敦，她書寫的女
性以母親（一個理想的家庭主婦），也以自
己（一個不操持家務的作家）爲藍本，無論
是哪種典型的女性角色，吳爾芙的寫作都不
迴避家常生活的書寫，仔細鋪陳生活中的瑣
碎，這就是現代主義的一種展示（另一項展
示則是她的意識流技巧）。

　　許多人喜歡徵引吳爾芙小說中的一句
話：「1910年十二月前後，人性改變了」
（羅婉儀，2013），讀者或許以爲吳爾芙要
提英國君王殞落或一戰前有什麼世界大事發
生了*，然而，吳爾芙接下去要說的卻是家裡
廚房的廚子們改變了，人與人的一切關係都
變了，包括主僕、夫婦、父子的關係都起了
變化，而這也才關乎信仰、行爲、政治與文
學等「大事」的改變。我始終記得英國導演
史蒂芬・戴爾卓根據麥可・康寧漢的小說，

* 　也有一說是
策展人弗萊囊括
馬奈、梵谷、高
更、秀拉和塞尚
的作品於英國藝
廊展出。

1911年爭取婦女投票權的英國女權運動者，在警察局外聚集（維基百科/
Johnny Cyprus）

改編拍攝成電影《時時刻刻》之一段，吳爾芙與其資深廚房
女傭的張力對望：這年長女傭眼中（口中）的女主人鎮日寫
作房間凌亂，不符主婦的標準，於是她一再地干擾、打斷女
主人，試圖將這不稱職的主婦拉回「正軌」。難怪吳爾芙會
說「他人的雙眼是我們的監獄」，不願被困在牢籠中的才女
們，只能直視自己，為自己書寫、為自己作畫。

　　吳爾芙的《歐蘭朵》是投射自己亦男亦女的想像書寫，

克勞德‧卡恩則自拍陰陽同體跨性別的「自畫像」——不再
是男性前衛畫家的繆思，而是創作者。另一位，葛文‧約
翰，百般懇求說服父親之後，終於進入倫敦的藝術學院，之
後，又來到巴黎、留在巴黎。來到法國之後，她曾受教於美
國畫家惠斯勒，爲了生活又成爲雕塑家羅丹的模特兒，也
成爲羅丹的情人，羅丹有一件雕塑作品《惠斯勒繆思》，模
特兒是葛文，這繆思指的也是她——羅丹看女人從不把對方
當成創作者，「僅只」是繆思？略同又不同於羅丹另一位情
人卡蜜兒，葛文狂戀羅丹但持續冷靜地作畫，因此，留下
一張張沉靜而內斂的自畫像（以及其他女性的畫像），讓世
人透過她自己的眼睛看見並了解她。藝術學者羅婉儀寫道：
「十九世紀末二十世紀初，很多女子帶著希望來到巴黎，而
我們對她們知之甚少……妳從家裡走出來，妳要往哪裡去
——妳跨過了一個世紀一個傳統，妳爲女性創造藝術提供了
明證」（羅婉儀，2013）。

　　吳爾芙憂鬱敏感、葛文‧約翰靜默深沉。跟葛文一樣從異
國來到巴黎之後再捨不得離開的還有：塔馬拉‧德‧藍碧嘉，
她也跟吳爾芙一樣熱愛宴會，只不過她未曾像吳爾芙一般，
被家人基於健康的理由帶離倫敦隔絕於城市生活之外，豔光
四射的藍碧嘉沉醉且享受巴黎的盛宴，這盛宴中尚有費茲傑
羅、海明威與畢卡索等人。以裝飾風格著稱的藍碧嘉，畫中
女性身體線條圓潤、敷以鮮豔飽滿的原色調，惟其亦受到立

塔馬拉・德・藍碧嘉（Tamara de Lempicka）其人如其畫（Claudio Divizia
/ Shutterstock.com）

體派的深刻影響，構圖常見圓柱、球狀、圓形等幾何形狀。
藍碧嘉與時尚的關係非常直接明顯，著華服的型男靚女眼神
姿態多半「煙視媚行」，我們之後會再提及。她以女兒為模
特兒投射自我觀察的《自畫像》，羅婉儀如此形容：「1925
年，你畫有一幅坐在綠色布佳迪跑車（Bugatti）的自畫像：
同系列淺褐色的頭盔圍巾手套，你戴上了手套的左手搭在車
盤上。一面冷艷。小跑車加女人──時尚、高貴、酷──自

由奔馳。當然，那自由的女人就是你。」（羅婉儀，2013）

## 當我們用文字書寫時尚（一）：費茲傑羅

　　1925年，費茲傑羅的小說《大亨小傳》出版（你不覺得，2013年巴茲・魯曼拍成的同名電影，裡面有好多好多藍碧嘉，以及藍碧嘉畫裡的男男女女？），作家此前偕妻子賽爾妲來到巴黎，在絢爛夜生活的巴黎與法國安靜南部村莊裡完成此部作品。書中描寫的是美國紐約，但有時你會以為身處法國或是英國，例如主述者尼克形容鄰居蓋茲比的豪宅「是一座宏偉壯觀的建築，酷似諾曼第某個市政府，它的一側是座嶄新的塔樓，上面布滿常春藤，旁邊還有大理石蓋的游泳池，以及四十多英畝的草坪和花園」，男主角蓋茲比便是在這個宮殿似的住家舉辦一場又一場的華麗派對，屋裡有法國「瑪麗・安東莞內特式的音樂廳和王室復辟時期式樣的小客廳」；蓋茲比屋外河對岸是初戀情人黛西（尼克的表妹）與丈夫湯姆的家，尼克第一眼的印象是：「他們的房子遠比我想像中的還要精緻豪華，那是一棟明亮大氣、紅磚白線交錯的豪宅，整棟建築延續十八世紀喬治王殖民時期的風格，俯瞰著水灣」。此外，也有位在紐約市中心的電梯公寓，那是湯姆為情婦買的一間一房一衛兩小廳的頂樓單位，然而屋裡的擺設竟然像極了十九世紀中葉鵲起的巴黎中產階

喬治王殖民時期風格的豪宅

級，在有限的公寓空間裡塞滿了大大小小奢華的桌椅擺設：
「一套花色織布的家具把客廳擠得滿滿的，幾乎頂到門口，
彷彿在屋裡走上兩步就會被絆倒在織布的花色之中——花色
是幾位仕女在凡爾賽宮的花園裡盪鞦韆」。

　　蓋茲比的宴會人群川流不息，「女客人們頂著不同款式
的法式短髮，披著西班牙貴族卡斯蒂爾人做夢都想不到的絲
巾」，從富麗秀舞蹈到爵士樂，都是紐約的時尚象徵。書中
三位女性交織對比映襯，女主角黛西、湯姆的情婦威爾遜
太太、黛西之友高球選手喬丹。費茲傑羅讓黛西與喬丹在
黛西家中，一間微風吹拂、窗簾飄舞的玫瑰色明亮大廳登
場，「房子裡唯一紋風不動的是一座大沙發床，上面坐著

兩位年輕女士，那輕盈的姿態，就好像她
們倆是漂浮在空中的氣球，兩人都穿得一
身白，衣裙隨風飄擺著，就像氣球在屋裡
繞過一圈剛落定位置一般」。藉由喬丹回
憶黛西十八歲時，「當時她是路易斯維爾
的年輕女孩中最受歡迎的一個。她穿的是
白色衣服，開的是一輛白色小跑車，電話
一天到晚在她家裡響個不停」，之後，黛
西因為蓋茲比從軍失聯，嫁給了湯姆。人
事全非的五年後，蓋茲比請現任鄰居尼克
邀黛西至尼克家中一晤。雨勢稍歇時尼克
看見黛西出現：「還沒長出花瓣的紫丁香
樹滴著水，一輛大型敞篷車在樹下沿著車
道開上來。頭戴一頂淺紫色的三角帽，黛
西輕側著臉，神采奕奕……一絡潮濕的頭
髮貼在她的臉龐上，像用畫筆添上了一線
藍色」，這場雨景中，蓋茲比和黛西久別
重逢，一時無言，尼克遂躲出屋外樹下。
後來，下午雨過天晴「黛西從房裡走了出
來，她衣服上兩排銅扣在太陽光下閃爍著
金光」，與站在她身旁激動忐忑不已的蓋
茲比，為了這場期待謀畫已久的重逢，穿
上了「一件白色法蘭絨西裝、銀色襯衫和
金色領帶」，悄然輝映。

1920年代的紐約，女人
留著法式短髮、穿著香
奈兒式直筒及膝的寬鬆
小洋裝
（lev radin / Shutterstock.
com）

　　這場重逢，最高潮也最令人難忘的一幕，是蓋茲比帶著兩人回到他的宮殿豪宅，與黛西相比他恍惚不覺所擁有的一切財物是真實的，尼克說蓋茲比這個下午從害羞不安、失去理智的喜悅、到緊繃後的反作用力，而顯得錯亂。稍稍平靜之後，他竟然爲兩人開始展示他的大型私人衣櫥：「裡面擺滿了他的西裝、晚宴裝和領帶，還有折疊整齊得像磚塊一樣堆得有一打高的襯衫」，都是蓋茲比請專人在英國春秋兩季採購寄來的，「薄麻布襯衫、厚綢襯衫、法蘭絨襯衫。……條紋的、花紋的、方格的，珊瑚色的、蘋果綠的、淺紫色的、淡橘色的，還有繡著他名字字首的深藍色襯衫。」如

2012年李奧納多演出電影《大亨小傳》的蓋茲比（Andrea Raffin / Shutterstock.com）

此繽紛眾多的襯衫，突惹得黛西發出哽咽的聲音，將頭臉埋進衣堆裡嚎啕大哭，她抽泣著說：「這些襯衫那麼美，我好傷心。我從來沒有見過那麼、那麼美的襯衫。」每次讀到這一段，我總會聯想起極推崇費茲傑羅的村上春樹，在他的短篇小說〈東尼瀧谷〉最末，狂熱購買名牌衣物的妻子車禍去世，空虛的東尼瀧谷登報徵求跟妻子身量相仿的女子，希望她能穿上妻子的衣服來工作室打雜工。應徵的其中一位女孩得到工作，東尼瀧谷讓她到更衣間去試一試衣服尺寸，女孩「從來沒有看過這麼多衣服集中在一個地方。……那看起來是非常眩眼逼人的光景。她無法好好呼吸。……她把衣服一件一件拿在手上看著。試著用手指撫摸看看，聞聞味道。幾百套美麗衣服就排列在那裡。終於她的眼睛湧出眼淚。眼淚不停地湧出來。她克制不住。她身上還穿著死去女人所留下的衣服，強忍住聲音地暗暗哭泣」。東尼瀧谷過來問她為什麼哭？她說不知道，「因為從來沒看過這麼多漂亮衣服，大概因此而混亂了」。

如果你還要問我黛西究竟為什麼哭？也許我會說，重逢後與蓋茲比一樣心緒紊亂接著又迷失於一座雲端城堡中，氣球似的美人飄啊飄總不踏實，是不是這些極美極貴極多的「衣服」能代替一個「人」把她繫住呢？這些衣服造成的奇觀向她襲來，令她想起年輕未婚時一些場景嗎？「她那虛偽的世界裡充

薩克斯風哀訴著，吹奏出《比爾街爵士樂》的無望曲調，一百雙金銀舞鞋揚起閃亮的塵土

滿了蘭花的芬芳、勢利的愉悅和樂隊的歡歌，正是那些樂隊定下當年的基調，用新的旋律總結了人生所有憂傷和啓示。薩克斯風哀訴著，吹奏出《比爾街爵士樂》的無望曲調，一百雙金銀舞鞋揚起閃亮的塵土。」村上春樹或許也給了一個答案（如果我剛才所舉〈東尼瀧谷〉的例子是村上向費茲傑羅互文致敬之作的話），我們再看一次應徵女孩那段：「那看起來是非常眩眼逼人的光景。她無法好好呼吸。沒來

由地胸口怦怦地跳。她感覺那有點類似性的昂揚感。」

　　費茲傑羅描寫湯姆的情婦（修車行老闆娘）沒有這些隱喻曲折，直接點明性的意象：豐滿、有活力，即使穿著沾滿油漬的深藍色連身裙，也「彷彿全身都在不停地燃燒」。她從修車行出門準備去紐約小公寓尋歡幽會，換上棕色花布連身裙，到了紐約，湯姆牽她下車的時候，「裙子緊緊地繃在她寬大的臀部上」。有意思的是，當她邀請了朋友鄰居與妹妹到她的「凡爾賽宮」時，她換上了一件作工精細的小禮服，一件乳白色的雪紡紗連身裙。「因為換了衣服，她的性情也跟著轉變，下午在修車行裡飽滿的活力四射現在成了目空一切的傲慢」，後來這傲慢延伸擴張，擦槍走火觸怒了湯姆，這一天以鬧劇收場。

## 當我們用文字書寫時尚（二）：張愛玲

　　「晚風吹著米黃色厚呢窗簾，像個女人的裙子在風中鼓盪著，亭亭地，姍姍地，像要進來又沒進來。窗外的夜色漆黑。那幅長裙老在半空中徘徊著，彷彿隨時就要走了，而過門不入，兩人看著都若有所失，有此生虛度之感」，這一段文字可是《大亨小傳》華麗而蒼涼的人生註腳？如果往下寫，「……五年前，一個秋天的夜晚，他們倆在落葉紛紛的

街道上走著，走到一個沒有樹木，皎白月色映照的人行道
上，他們停了下來，面對著彼此」，時移事往，「她一直知
道的。是她說的，他們回不去了。他現在才明白為什麼今天
老是那麼迷惘，他是跟時間在掙扎。從前最後一次見面，至
少是突如其來的，沒有訣別。今天從這裡走出去，卻是永別
了，清清楚楚，就跟死了的一樣。」

上面這三段引文，最先與最末，是張愛玲的《半生緣》，
並不是《大亨小傳》，卻出奇地吻合。是的，當黛西落寞且
心神不寧地置身蓋茲比的宴會中，湯姆當著尼克與她的面暗
地譏諷批評蓋茲比，「一陣微風吹動黛西灰色的毛領子」，
奢華柔軟的灰毛衣領拂著黛西纖細卻不安的頸項臉龐——令
人孤寂想落淚的一景啊！這是映襯，以華麗映照蒼涼。

張愛玲用映襯，也白描明喻，大家都熟悉她曾說過，繼
母給少女的她剩衣穿，「永遠不能忘記一件黯紅的薄棉袍，
碎牛肉的顏色，穿不完地穿著，就像渾身都生了凍瘡」（張
愛玲，1944），但其實，在其自傳小說《小團圓》裡，還
記載了一段更久遠之前的穿衣往事。張愛玲幼時母親離開，
遠渡重洋赴法留學（實則也逃離一段傳統桎梏的婚姻），張
愛玲的父親接了一位風月女子回家住，小說裡叫她「愛老
三」，「長挑身材，蒼白的瓜子臉，梳著橫愛司頭，前劉海

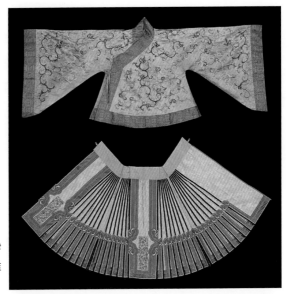

中國清朝婦女所穿
的短襖加褶裙（維
基百科/hanfulove）

張愛玲筆下的愛老
三留著愛司頭，身
材像時裝模特兒，
應與這張圖中的女
性神似

罩過了眉毛，笑起來眼睛瞇得很細。她叫裁縫來做衣服，給九莉（即張愛玲）也做一套一式一樣的，雪青絲絨衣裙，最近流行短襖齊腰，不開衩，窄袖齊肘，下面皺褶長裙曳地，圓筒式高領也一清如水，毫無鑲滾，整個是簡化的世紀末西方女裝」。衣服做來以後，兩人穿上「母女裝」出門，在天冷的黃包車中，這「母親」將小張愛玲用斗篷一同裹著，「在黑暗中，愛老三非常香，非常脆弱」。如果你知道張愛玲之後如何被繼母孫氏虐待、生母如何冷淡疏離，讀到這一幕穿上時尚「戲服」偷來的快樂親情時光（愛老三雖一時興起為她打扮但其實是帶她去賭博），怎不令人鼻酸？

雖然這一段母女情緣相當短暫，童真時的張愛玲眼中仍然覺得愛老三是「高級時裝模特兒的身段，瘦而沒有脅骨，衣架子比誰都好」——這當然是西風東漸後的眼光。而真正踏上英法歐洲土地的張愛玲母親，卻是一個裹了小腳的中國女子，裹了小腳，又蹬上高跟鞋，穿起香奈兒。《小團圓》寫張愛玲避戰亂到香港讀大學，母親來探她，見面時她吃了一驚，「也許是改了髮型的緣故，雲鬢嵯峨，後面朝裡捲著，顯瘦。大概因為到她學校宿舍裡來，穿得樸素點，湖綠蔴布襯衫，白帆布喇叭管長褲。」小說裡沒提，但這該不會是香奈兒設計的水手長褲吧（見本書第三章）？張愛玲總是冷眼一旁看她的母親，好比有一回，母親帶著她去看一個所愛的英國商人比賽水球，

「西青會游泳池邊排的座
位很擠。她記得那夏季的
黃昏，池邊的水腥氣，蕊
秋（即張母）灰藍色薄紗
襯衫上的荷葉邊，蕊秋興
奮的笑聲。」或是這回來
香港探她，母親在下榻的
飯店換上泳衣帶著張愛玲
去海邊看看，「並排走
著，眼梢帶著點那件白色
游泳衣，乳房太尖，像假
的。從前她在法國南部拍
的海灘上的照片永遠穿著
很多衣服，長褲，鸚哥
綠織花毛線涼鞋遮住腳
背……」。

　　這刁鑽敏感愛美的女
兒，究竟想要一個什麼形
象的母親呢？「她講究穿
衣服，但是九莉最喜歡她
穿一件常穿的，自己在縫
衣機上踏的一件墨綠蔴布

張愛玲心中理想的母親，也許是一個家常的女
人形象

1926年歐洲雜誌封面
（維基百科/unknown）

齊膝洋服，V領，窄袖不到肘彎，毫無特點，是幾十年來世界各國最普遍的女裝，她穿著卻顯得嬌俏幽嫻」——織女似的母親、家常的女人。然而，現實生活裡的張母並不是這樣的，兩人歇斯底里的牴觸、彆扭迂迴的猜疑。況且張愛玲也是一個引人注目的女子，從香港回到上海後，「她帶回來的土布花紅柳綠，也敢穿出去了，都做了旗袍與簡化的西式衫裙，像把一幅名畫穿在身上，森森然快樂非凡，不太管別人的反應」。張愛玲這樣的任性有時是一時興起，有時是日子困頓，例如要去見電影公司老闆談改編小說之事，穿的是姑姑的骨董被面改的「象牙色薄綢印著黑鳳凰，夾雜著暗紫羽毛。肩上髮梢綴著一朵舊式髮髻上插的絨花，是個淡白條紋大紫蝴蝶，像落花似的快要掉下來」。母親說她並不十分醜怪，她說她母親傳授給她的唯一一項本領也就是「理箱子」；母親難得送她一個別針，她問了拿去換一對耳環，她腳上燙傷起膿皰，母親幫她刺皰剪皮，她「可以覺得她母親微涼的手指，但是定著心，不動心」。

張愛玲的母親勇敢訣別不
幸福的婚姻，遠渡重洋，
拋下孩子的她，終究孤獨
飄零一生

* 1961年秋天，張愛玲曾來台一遊，當時在花蓮接待她的是作家王禎和，1987年王禎和接受了丘彥明專訪，提到張愛玲的裝扮，王禎和回憶道：「她的裝扮，簡宜輕便，可是在1961年的花蓮，算得上時髦，……因為是旅行，她穿的衣服很輕便，都是很舒服的襯衫。她很習慣衣服上第一、二個扣子鬆開不扣。火車一路從台北到花蓮，後來到台東，我注意到她衣服最上面兩個扣子常常沒扣。這在1961年穿衣服還十分保守的台灣來講，相當特別。我舅舅用台語對我說：『伊像美國人，很美國派。』非常有趣」、「晚上睡覺前，她一定在臉上擦各種水，各種不知道什麼的油脂，用一張張衛生紙擦啊抹的，當然也花很多時間。……我們約好到照相館拍照，她花了一個鐘頭以上時間化妝」、「正如她的文章一樣，她在我們的印象中：永遠是遙遠的，美麗的」、「她喜歡戴的大耳環……」

然而，在《對照記》一幀幀老照片裡，張愛玲的確敘述了母親的繪畫藝術才華、服裝設計的手藝，她還是孺慕不已的。我看了張愛玲母親在倫敦的一幀微側半身照，灰毛衣領蓬鬆柔垂，1926年拍的，不正是《大亨小傳》出版後的一年嗎？還有一幀三〇年代末葉在海船上的側面全身照，雖然只見輪廓，但那無疑是藍碧嘉畫作裡戴著鐘形帽，一個離家飄泊、孤獨出格的女子*。

## 當我們用影像傳播時尚：我是誰？看起來如何？

「戀衣」也許是匱乏、欲望、自我表演，《大亨小傳》末尾蓋茲比寂寥的葬禮結束，尼克崩潰，所造夢境的底色恍如神秘主義畫家艾爾·葛雷柯的陰沉夜景：「……四個表情嚴肅的人穿著大禮服，沿著

人行道走著，他們抬著一副擔架，上面躺了一個穿白色晚禮服的酒醉女人。她的手垂搭在一邊，閃耀著珠寶的寒光。」

爾後，尼克決定離開前再見一次與露西一樣飄如氣球的上流社會女子喬丹，他如此敘述：「我時常想起的她就像是一幅漂亮的插畫，她的下巴得意地揚起，她的頭髮是秋葉的顏色，她的臉和她放在膝蓋上淺棕色的無指手套是相同的顏色」。你是否想過，尼克想起的插畫也許正是藍碧嘉為時尚雜誌繪製的女子？總帶著表演性質的男男女女，在畫裡，羅婉儀形容：「他／她們穿上高雅名貴的衣服，戴上飾物，……或黑或藍或綠或褐的眼睛，乜斜或直觀；琉璃般清澈的眼珠，困惑迷惘，挑釁挑逗」（羅婉儀，2013）。

西班牙畫家艾爾·葛雷柯於1599年完成的《托利多風景》（維基百科／Sailko）

電影將會引導人們從文字轉向動作及姿勢，從而改變二十世紀人們的
情感生活。圖爲1961年奧黛麗・赫本演出《第凡內早餐》，穿著紀梵
希爲她設計的黑色連衣裙（Lucian Milasan / Shutterstock.com）

　　以衣服表演（或遮掩）他們的冷漠，乜斜插腰，下巴揚起，1954年張愛玲在香港也拍了這麼一張照片，不是煙視媚行而是帶點瀟灑戲謔的神色（或許宣告自己離開糾纏甚久的愛情與生活的累累傷痕）。然而，她沒料到此後不僅離鄉去國，終究還是為另一個男人背負起沉重家計，「是的，他／她們看起來都是冷漠的，他／她們或具備防禦性──流徙到巴黎的貴族，對於這樣的不幸，他／她們不安不屑不甘心」（羅婉儀，2013），將巴黎改成美國紐約、舊金山、華盛頓，不也類似張愛玲的寫照嗎？張愛玲出版《對照記》，自認所擁照片雜亂無章，附記也零亂散漫，「但是也許在亂紋中可以依稀看得出一個自畫像來」（張愛玲，1994）。照片可以讓我們察覺自己一路以來的變化，而能留住人類倩影的，除了照片，還有電視與電影。彼得‧柯睿耿在《消費社會學》中，寫到英國社會學家Mike Featherstone曾經提過：「在1920年代早期推測，電影將會引導人們從文字轉向動作及姿勢，從而改變二十世紀人們的情感生活。由文字所支配的文化，傾向於無形和抽象，往往將人的身體化約為一個具有基本功能的有機體，而新興的視覺影像則聚焦於身體的外觀、穿著、行為與姿態等。」（Peter Corrigan, 2010）

　　插畫、照片捕捉住一時風尚之姿，而電影、電視則塑造打印了潮流身影。「Featherstone認為，消費文化當中最重要

1960年代名模崔姬（Twiggy），短髮瘦小，一雙大眼加上些許雀斑的臉龐，渾身散發出天真女孩的味道（Alexander Shtang / Shutterstock.com）

的自我的類型是展演（performing）的自我。這種自我比其他類型的自我，更重視外表、展示及形象管理。」（Peter Corrigan, 2010）十九世紀的雜誌廣告與插畫影響一地一國一洲、二十世紀的電影明星與流行歌星影響的不只數個都會乃至全球，時尚品牌與巨星的結合者如：奧黛莉‧赫本與紀梵希、葛莉絲‧凱莉與愛馬仕、瑪丹娜與高提耶……，不勝枚舉。然而，巨星帶出的潮流並非都屬於時尚大牌這一路，龐克、嘻哈或是街頭、落拓風，或許更是年輕人追求的時尚。我現在要說的，就是崔姬、瑪莉‧官與六○年代的「摩斯族」，以及八○年代瑪丹娜的「媚俗時尚」，當然，不能忘記女神卡卡。

　　五○年代末興起於倫敦的摩斯族（Mods，取自現代派Modernist之意），是二戰後嬰兒潮的第一代，他們將收入全數拿來消費於服裝、機車、音樂上，當時影響青少年最深廣的樂

團是披頭四，他們的法式短髮、小領緊身褲，都是取材自摩斯族。年輕的服裝設計師瑪莉‧官，事業起步時光顧她的客層就是這群十幾歲的英國摩斯族，年輕、反主流的他們，大膽穿上瑪莉‧官設計的迷你裙，之後，更追捧瘦削大眼的崔姬成為超級名模，因此，六○年代的歐美大眾時尚由英國次文化全面占領。法國優雅絕美女星凱瑟琳‧丹妮芙，1966年為YSL成衣系列代言時，穿著瑪莉‧官式的迷你連身裙（綴有鉚釘），展現了街頭風，遠較之前她由巨星碧姬‧芭杜的造型師打理外型俐落許多。

年輕、反主流的摩斯族，大膽穿上瑪莉‧官設計的迷你裙，1960年代的歐美大眾時尚由英國次文化全面占領。圖為瑪莉‧官（Mary Quant）（維基百科/Jac. de Nijs / Anefo）

　　年輕的街頭次文化在六○年代還與普普藝術相關涉，來自漫畫、商業的元素隨手取得。到了八○年代，這種討好大眾（特別是年輕人）的流行文化於藝術上稱為「媚俗藝術」（kitsch），伴隨著音樂MTV的誕生，瑪丹娜成為集媚俗藝術元素於一身的巨星，MTV的影像無遠弗屆地傳播她的媚俗時尚。韓國時尚插畫作家姜旻枝認為媚俗時尚「特徵是刻意追求低俗

1990年時尚設計師高提耶（Jean Paul Gaultier）為瑪丹娜巡迴演唱會打造的錐形胸衣，掀起一股「內衣外穿」的風潮（Aija Lehtonen / Shutterstock.com）

的風格。為了達到不高尚的感覺、打破合乎常理的組合和均衡的美感，故意不採用現代的簡約風格。主要使用塑膠或橡膠飾品、網紗、蕾絲、色彩豐富的單品」（姜旻枝，2012）。當然，瑪丹娜從八〇年代一路至今，風格多變，你很難再將她與「低俗廉價」畫上等號（她收藏不少藝術真品，極喜愛藍碧嘉的畫）。至於塑膠上身、馬甲外穿，挑戰社會與宗教價值觀的態度，與後起之秀女神卡卡的牛肉裝、鞭炮槍枝版的馬甲裝相比，那真有點像現代主義與後現代主義的分別了。

也就是說，當瑪丹娜在八〇年代以街頭太妹的挑釁與性感姿態取得青少年認同時，她看準的是叛逆衝撞可以如此被「表達」，藉著影像傳播果真「一呼百諾」（又何止此數？）；而影像的刺激愈來愈重口味，當瑪丹娜與小甜甜布蘭妮2003在演唱會舞台上熱吻，「逼得」女神卡卡在2010的MV

Lady Gaga 2010年在紐約麥迪遜
花園廣場的演出造型（維基百科/
Joella Marano）

1980年代，討好大眾（特別是年輕
人）的流行文化於藝術上稱爲「媚
俗藝術」（kitsch），伴隨著音樂
MTV的誕生，瑪丹娜成爲集媚俗藝
術元素於一身的巨星，MTV的影像
無遠弗屆地傳播她的媚俗時尚
（s_bukley / Shutterstock.com）

「出重拳」邀碧昂絲下毒殺人逃亡（擬仿1991年電影《末路狂花》？），而MV中兩人倏忽改變的造型，盡是當紅潮牌或時尚的置入性行銷。從瑪丹娜的衝撞宗教、性別、品味與階級，到沒有任何「道德罣礙」的女神卡卡，以一段比較文學教授張錯解釋後現代特性的文字來看：「那是一種洒脫不羈、遊戲人間的態度，雖然仍擁有現代的孤絕自我觀（solipsism），但無疑已超越現代主義的挫敗頹廢，而企圖在商業主義和科技社會的『支離破碎』（fragmentation）裡（尤其是電子時代電腦對人文的操縱），用一種嘲弄與反諷態度，去重新發現並重建自我秩序。」只不過，在後現代大眾娛樂引領的時尚潮流中，重建的究竟是何種「自我」呢？

昆斯的氣球狗於法國凡爾賽宮展出（維基百科 /Jeff Koons）

美國普普藝術家傑夫・昆恩（Jeff
Koons）為Lady Gaga專輯ARTPOP設計
的封面，拼貼了波堤伽利名畫《維納斯的
誕生》、貝里尼雕塑作品《阿波羅與黛
芙妮》，中央的藍色金屬球則是昆斯的
著名裝置藝術作品（JStone / Shutterstock.
com）

紐約第五街的H&M門面，也有昆斯的氣球狗妝點

（HildaWeges Photography / Shutterstock.com）

# Chapter 7

## 時尚返璞記

公平交易、有機種植、友善環境、回收再生，時尚界現今最「潮」的觀念，有一大部分來自舊時代最「土」的傳統。我們如何塑造當代的美學風格，「土」與「潮」怎麼融合呢？

## 土與潮

土與潮，這裡當然不是指大自然的元素 —— 即使這麼恰巧地用了中國五行（金木水火土）、古希臘的四種自然元素（air、water、fire、earth）中的土與水的意象 —— 我們倒也可以從這裡延伸出某種想像，固著不變的「土」，對比變動不居的「水」，潮水奔流向前頃刻改變，把事事物物的個性淹沒，但是潮流會褪去，復又循環歸來 —— 土被水淹過一時未可見，但是水褪去後，土也許會滋養出新的花卉，in與out的位置不是永遠的，也不必然是齊一發生的。

有一天早晨，我幫孩子綁頭髮，我說「幫妳前額編個辮子」，她問是哪種辮子？我想了想，回答「森林系那種」，小女孩回我「森林系很土耶」，「不會啊，森林系是日本流行的風格，很多明星都會穿森林系的衣服、編森林系的髮型喔」，拉明星來背書，這才順利幫她弄好頭髮上學去。過了幾天，我找出她姊姊小時候穿過的舊長褲讓她穿，她說「這褲管太寬了，看起來好土喔」，於是我改找一件貼腿牛仔褲讓她穿，小女孩開心了，因為這兩年流行「鉛筆褲」，也就是窄管貼腿的版型。你或許以為這件穿在她身上讓她感覺時髦的牛仔褲是新褲子，但其實這是一個比姊姊大上兩歲的朋友留給我們的衣物，一件已經傳過三個女孩歷經十年存在的

牛仔褲，意外地挺過被「流行」淘汰的命運（而且不是被視為「復古」那一派潮流），繼續作為時髦的衣物教人眼睛一亮。

　　鉛筆褲，Skinny Jeans家族的成員之一，牛仔褲的演變史大致就是褲管寬緊、腰線高低、布質布色的風格演變史，有說法支持這種單寧布製成的褲子最初是歐洲水手穿著工作的耐磨衣物，繼之美國西部礦工開始流行穿牛仔褲，這流行後來又傳布到歐洲去。令人印象最深的是二十世紀西方世界，五〇年代的搖滾樂、六七〇年代的嬉皮以及龐克文化、八〇年代設計師介入，九〇年代拼貼了搖滾、龐克、嬉哈，流風所及，牛仔褲的風格表現大相逕庭，既有創新也有復古，既有過時（old fashion）的現象也有經典（classic）的不敗。這個時代當下並不是不流行寬褲，日韓台女裝市場從2014年至今，還頗流行寬版長褲，青少年的垮褲潮也尚未退燒，只不過一旦要選擇合身版型的褲型，重視流行的人們還是傾向以貼在皮膚上、凸顯腿部線條的「鉛筆褲」為首選。

　　至於「森林系」土嗎？我們不妨花一些篇幅來介紹它。「森女」是2006年誕生於日本網站上的新名詞，很快地便成為東京甚至全日本、亞洲的一種裝扮風格，維基百科這樣定義：

日本森林系女孩裝扮

　　森林系女孩（日語：森ガール，簡稱「森女」），是源自
日本社區網站mixi的一個名詞，指「如生活在森林裡的女孩」，
由此引申出另一種女性生活的時尚美學，以及服裝風格。

　　「森林系」的服飾特徵一般是天然、低碳、簡潔、隨意、暖色系、民族風等。典型的穿著是A-Line、復古花狀圖案的單件套、配合褲襪和鞋等。2009年春天在原宿已經常出現這種森林系著裝，在高圓寺和下北澤、代官山附近也常能看到。

　　從台灣移居日本的作家劉黎兒在她的《日本現在進行式》一書中，有篇短文〈追求堅強與包容的森林女孩〉，細緻地描繪了森林女孩：

　　典型森林女孩的生活，平常是OL，年齡約二十五──三十五歲，週末四處尋找北歐繪本書或參加農業活動，化著非常淡的自然妝，穿白色或米色等有機純棉洋裝及黑棉連褲襪，外加平底鞋等。隨手拿著數位相機，拍下生活小點滴，如散步中的貓狗，或在澀谷、代官山、中目黑的專賣歐美書店閒逛；午餐或咖啡時間都選擇對食材講究的自然有機café，對於手工作的服飾、糕點等有興趣，自己也學習縫製或烘焙等。森林女孩的偶像是演篤姬的宮崎葵、女星蒼井優等，絕非性感取向，而是有透明感、環保感，有自己的執著，不輕易受流行、別人擺布。（劉黎兒，2011）

　　隨著「森林系」風格的確立，它很快地成為商品消費的

日本東京下北澤老街道的公寓（維基百科/Guwashi999）

一支派別，並且極容易被指認出特徵，除了明星宮崎葵、蒼井優，歌手如守嶌葵、湯川潮音，都展現了一般大眾易於模仿的形象。此外，我以為，如果說日本漫畫《蜂蜜四葉草》的女主角是森林系女孩典型形象，那麼小說家吉本芭娜娜筆下許多女孩也是森女。舉例來說，吉本芭娜娜在2012年出版的《喂！喂！下北澤》這本長篇小說，除延續她一貫的療癒文學風格外，也因為刻畫出當代東京都會人物在下北澤這個地方所展現出的生活態度與樣貌，可作為我們文化觀察的文本──生活雖脫離不了消費，但是在下北澤老街道卻形塑了不一樣的生活，在此處，「老土」，反而成為年輕人眼中的「特色」。

我們就來看看這土與潮如何翻轉吧？

## 城市裡的療癒森林

小說主角是一位二十來歲的女子，名叫好惠，與父母住在離自由之丘不遠的目黑區高級公寓，「我搬到下北澤居住是在父親瞞著我和母親，被迫跟一名女性遠親在茨城樹林中殉情大約一年之後」。女主角為了療癒父親以如此形式離世帶來的傷害衝擊，租了距下北澤車站七分鐘路程的老房子二

東京目黑區自由之丘一帶高級住宅區（維基百科/Yoshikazu TAKADA）

樓，「不過只是有著兩間西曬得很嚴重的和室和一坪大的廚
房……浴室裡只有一個貼磁磚的小型浴缸……屋裡到處瀰漫
著老房子特有的氣味，榻榻米也都被曬黑了。瓦斯爐是舊式
的，常常我一使用家裡帶來的烤箱就會斷電」，這樣的居處
引起來玩的朋友們驚呼，倒是主角認為此乃一大「特色」。
接著，作者寫出了下北澤更重要的一項特色，主角家樓下是
一間「二手」衣店──不久之後，主角那貴婦般的母親將會
帶著「鼓脹的大型柏金包」，換上在一樓二手衣店買的「圖
案華麗的T恤，……完全沾染了下北澤的風格」，闖入了她
的窮酸破舊卻迷人的小天地。

下北澤老爵士音樂咖啡廳（維基百科/Guwashi999）

　　破舊歸破舊，貴婦般的母親卻說：「感覺坐在這個窗戶邊喝茶，就像是坐在咖啡廳裡一樣。我可以去買張茶几放在這裡嗎？那裡不是有間整修古董家具來賣的店嗎？昨天我到井之頭散步，發現了那些店，馬上就一見鍾情，站在那裡看了好久。看著年輕男孩穿著短袖露出肌肉地刨木、上漆、整修家具，那種認真工作的樣子真棒！感覺很萌。」在這裡，我們看到一位已經遠離三十五歲年紀的女人，為了與女兒再次同住，來到一個充滿二手店的年輕人街區，拋開貴婦裝扮（小說中還提到她定期上美容院保養）、語言習慣、生

講究打扮、全身名牌的日本貴婦
（HUANG Zheng / Shutterstock.com）

活方式（井之頭跟下北澤一樣是年輕人的街區），只希望女兒接受她想離開舊家「一心只想把所有事情都化爲白紙」，而前來「借住」的決定。

就這樣，母女倆一起安頓在下北澤。母親平日穿著「在下北澤開店也實際住在下北澤的知名搖滾樂手曾我部惠一所繪製的」淡粉紅色T恤，配舊牛仔褲；早餐後因爲沒有洗碗機只好用手洗碗，「洗完倒扣在那個籃子上面，不擦，自然風乾」；打掃「只需用雞毛撢子、掃帚、畚箕和抹布就行了。簡簡單單眞是輕鬆」；接著外出到附近商店街的二手書店翻翻書、跟老闆聊園藝，還向老闆租借套書，「開始一點一點地讀起了《追憶逝水年華》，以前根本讀不下的」；甚至還進去一家專賣大麻的「大麻堂」買T恤與化妝水，也會去連鎖大型

二手書店，「或是去買當地有名的天然酵母麵包」。讀到這裡，我不禁聯想，四十餘歲的母親此時有許多特徵像極了森林系女孩，從森林中走出帶著透明感的女孩，但從前這貴婦般的母親是擁有Gucci、Ferragamo等鞋子、睡Tempur床墊、到附近走走也要帶著愛馬仕包、「一個禮拜至少到外面吃一次法國菜或義大利菜。經常受邀出席熟人或朋友辦展的開幕酒會」，難怪女兒會想著「我頭一次看到跳脫母親框架的母親」。

這框架是什麼樣的框架呢？可能是身為一個日本都會全職母親該盡的義務、一個住在東京時髦住宅區的女人應有的形象，還衍生出一種為了壓抑無法滿足的兩性欲望而發洩的消費模式。這個框架能把一個家庭好好固定維繫住嗎？「雖然偶爾也會有美好的感受，但還是很空虛。因為明明存在著精神上的飢渴，卻要用其他東西在瞬間維持住假象。」那位被迫殉情的父親（丈夫）是個什麼樣的男人呢？主角好惠有回做夢，「玄關的鞋櫃裡整齊排放著母親Ferragamo和Gucci的名牌鞋。還有我的卡駱馳（Crocs）鞋和父親的Converse長筒布鞋。我常想從玄關的鞋櫃就能看出一個家庭的歷史。」

從鞋櫃看這位男人之前，我們先回到主角好惠身上，掌握一下這女孩的幾個面向：「短大一畢業後就進入專門學校

從玄關的鞋櫃就能看出一個家庭的歷史

學做菜」，父親出事之後她打起精神安慰母親，帶母親去一家位於下北澤的法國餐廳吃刨冰——不是銀座、青山、麻布、自由之丘或廣尾那樣時髦昂貴地段的法國餐廳，也不是為了吃法式料理而只是為了消暑解鬱勉強出門吃一碗刨冰——就是一家法式小餐館，開啓了好惠之後轉折的人生。「這家店直接延用老房子進行裝潢，很有巴黎巷道裡的小餐館風情」、「小餐館所在的露先館一角有棵高大的櫻花樹」、「這棵櫻樹在春天繁花盛開時，會將我們店外咖啡色牆壁暈染成粉紅色，也會讓這一帶呈現出不同於平常的甜

美氣氛。經過的人們都會露出笑容抬頭仰望繽紛的櫻花。
就好像抬頭看著電影銀幕，沉浸在愉快劇情的幸福觀眾一
樣」，名爲雷里昂（Les liens）的餐館供應新鮮real food與啤
酒、葡萄酒及香檳（母親還說過「那裡的沙拉是有生命的沙
拉」），她終於來這裡工作也搬來這條街住。工作午休時間
好惠去馬爾地夫咖啡專賣店，買母親愛喝的厄瓜多爾產的有
機咖啡豆，「那是一間店門口烘焙咖啡豆、店裡面賣咖啡豆
的老店。漫步在南口商店街時，總是能聞到馬爾地夫的老闆
用粗壯的臂膀烘焙咖啡豆所飄散出來的濃郁芳香」，接著她
遇到餐館熟客新井先生，好惠「心想原來他喜歡的是用紙濾
包、單孔濾杯、有酸味的卡那咖啡豆」。

下北澤散發著濃濃人情味、懷舊感的咖啡廳（維基百科/Guwashi999）

　　好惠之後與這個開夜店請日本獨立樂團演奏的老闆新井先生交往，新井是一個聲音像好惠父親的年輕男子，戴眼鏡、總是穿著好看的鞋子，外表清爽卻給人有些憂鬱的感覺，此外，他喜歡爵士樂，簡樸的家中放的是可愛的Tivoli（義大利設計師設計）木製音響。雖然小說結尾好惠明白自己並未愛上新井，並將愛情投射到父親好友兼同事山崎的身上，但無論是年輕的新井或是中年的山崎，他們都替代了父親的「身影」。

　　穿著Converse長筒布鞋的父親，是一個頗受歡迎的英國成熟風格獨立搖滾樂團鍵盤手，常常演奏到半夜才回家，海外巡迴時也會帶著妻女同行，那些克難旅行讓孩子有了「如同嬉皮般的歡樂童年」。從山崎口中我們知道父親很重視女兒，從女兒的回憶看來也極寵愛她，卻要求太太像個有錢貴婦，「自己則像是年輕男孩陶醉在現場演奏的樂趣當中」，家裡玄關的鞋櫃已說明這對夫妻的風格差異，只是沒想到追逐名牌形象的太太，竟是因為先生要求（戀母情結）才將那不自由的框架框上身的，雖說沒有不愛名牌，但為了配合名牌穿搭，竟然連夏天也沒有一天不穿著絲襪出門。一旦父親離世，也難怪母親會從自由之丘來到下北澤，重拾她的「自由」。

## 城市變革與樂活精神

　　小說寫的雖然不是平常人的平凡遭遇，卻刻畫了日本在這個時代的某種流行現象。推算一下，小說主角好惠大概誕生於泡沫經濟即將破滅的九〇年代之初，那是一切浮誇掠奪式的生活態度、張狂炫耀的消費時尚經驗即將告終的年代，即使泡沫經濟帶來的過度消費與追逐時尚之習慣在日本社會並非一夕消褪（之後也歷經經濟復甦低迷的數次循環），但終究刺激了人們重新思考關於生活態度、生命哲學，以及時尚藝術的美學該如何建立。2006年日本網站出現森女這名詞，但我認為與之相關的生活態度早已出現。

　　1998年美國社會學家雷・保羅在其著作《文化創造：5000萬人如何改變世界》（*The Cultural Creatives: How 50 Million People are Changing the World*）中，定義了「樂活」LOHAS（Lifestyles of Health and Sustainability）：「在做消費決策時，會同時考慮到自己與家人的健康以及對環境的責任」。台灣作家吳詠寰說明：「也就是健康與永續的生活方式。此概念主要是對於傳統的大量生產、大量消費的生活方式提出質疑，進而提倡一種不僅可以照顧個人身心健康，而且同時可以建立起一個尊重自然環境的人類社會，使得自然環境與美好的社會可以永續並存發展。」（吳詠寰，2008）從美國開始、歐洲、日本等國，都颳起了樂活風（當然也帶

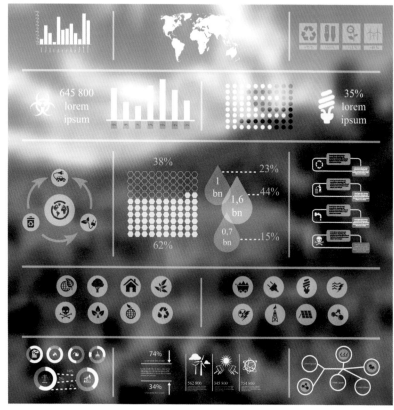

永續生活消費觀：綠能、減碳、節能、再生、有機

來另一波樂活商機），我們在台灣此地常聽到的「綠能」、
「減碳」、「節能」、「再生」、「有機」等概念，都是此
一脈絡下的生活價值觀。

請想像二十世紀初的美國，最時髦的移動方式就是駕著

福特汽車、穿著Dunhill製作的皮質旅行服飾、攜帶專為放置在新汽車上而設計的LV皮製行李箱，一開始能夠負擔得起這種時尚的人並不多，但隨著汽車大量製造、公路如網絡般興建開展，都市規劃以及郊區規劃全以汽車為中心來思考，汽車成了都市的主體、甚至是生活時尚的核心之一。不只是美國（或世界各地已開發國家），新興國家的城市也複製了這樣的規劃思考，地景建築師廖桂賢在她的書中提到：

　　……科比意可以說是上個世紀在建築和都市規劃領域中最重要的人物之一，除了引領現代建築潮流，他對都市規劃的想法也深深地影響著現代都市的設計。

　　科比意在1929年出版了《未來城市規劃》（*The City of Tomorrow and Its Planning*）一書，詳細描繪了一個理想現代城市的藍圖，企圖解決二十世紀初期傳統歐洲城市所面臨的種種問題：快速工商業發展吸引許多人湧入城市討生活，許多老城市的公共建設已經無法因應大量人口所帶來的挑戰，產生嚴重的交通、公共衛生和健康問題，拖累了城市運轉。

　　……科比意非常欣賞當時那些有著幾何、棋盤格式街道規劃的美國城市……他也預見汽車將會成為未來城市交通的主流……科比意也認為，要達成理想的城市風貌，非得把現有的城市剷平重頭來過不可。

二十世紀初美國福特汽車（Gertan / Shutterstock.com）

二十世紀初專為放置在新汽車上而設計的LV皮製行李箱（Philip Lange / Shutterstock.com）

……科比意那熱情擁抱汽車的未來城市早已全部，或部分實現了，正是美國城市和世界各地新興都市的樣貌，也是當前許多都市人所處的生活場域。（廖桂賢，2009）

接下來的發展大家都不陌生了，因為我們已然「享受」如此城市變革帶來的便利，也正在「承受」交通壅塞、嚴重空汙、人車事故的苦果。有些歐洲城市在八〇年代率先修補這樣的錯誤，發展完善的大眾運輸系統、改善行人步行環境，並且打造自行車安全通行的理想道路。回到我們居住的

我們已然「享受」城市變革帶來的便利，也正在「承受」交通壅塞、嚴重空汙、人車事故的苦果

腳踏車穿梭的阿姆斯特丹街景（lornet / Shutterstock.com）

城市來看，數十年前我們羨慕汽車的接送，現在以能住在捷運沿線爲傲（當然房價飆漲是另一個嚴重的問題）。對外來的自由行旅客來說，甚至將U-Bike行程視爲風潮，騎著腳踏車悠閒地穿梭大街小巷——慢速搭配慢食，以「漫遊」的心態來體驗一個城市。想想這樣一個騎腳踏車移動的「潮人」，他無法穿著Dunhill的長皮靴、提著LV的皮箱，反倒是前文小說中提到主角的Crocs鞋、母親穿的下北澤樂手設計棉T以及一件舊牛仔褲，才是適合騎腳踏車或步行的裝束。再繼續想像，騎著腳踏車來到下北澤茶澤路，眼前所見「那是一棟看起來像是即將傾頹的建築物，彷彿到處都滲透出明亮

的燈光，也彷彿在冬天的空氣中
散發出光暈。我很喜歡雷里昂所
屬的這棟建築物。那種一般住家
混雜著店家的感覺溫柔地覆蓋住
這個街角。不論是古老的窗玻璃
還是嘎嘎作響的樓梯，都讓曾經
有過類似經驗的人們心生懷念之
情」。

　　然而，這樣一棟建立起鄰近
氛圍的老建築因為太過破舊在小
說結尾前也要拆了，雖不大同於
科比意主張的「都市更新」那樣
大規模地剷除舊建築的景況，但
拆除怪手一來，還是將人們寄寓
其上的回憶與情感連根拔起了。

東京城市櫻花盛開的水中倒影

## 永續建築與生態時尚

　　1973年國際間發生了第一
次石油危機，刺激了建築界更積

1960年太陽能發電的住家建築，即被動式設計的落實（維基百科/Dominic Michaelis）

極地採取「被動式設計」（passive design）。所謂被動式設計，建築學者理查·魏斯頓這樣定義：「盡可能不使用會消耗能源的積極系統來達到所需的環境條件，具體而言，它的目標是要減少對人造光源、通風機具和空調的依賴」（Weston, 2011）。1987年聯合國世界環境與發展委員會出版《我們共同的未來》（*Our Common Future*）報告書，全球人民開始擔心地球承載快速增長人口的問題，由於報告書提出永續發展是未來地球存活的關鍵，「永續」（sustainability）這個概念也開始進入一般民眾的意識中。當然，科學界從更早的六七〇年代就已注意到能源耗竭與生態破壞的問題，歐美的建築界大約也是在此同時回應此一思考，初期講求降低建築物建造與運轉成本，到了今日，「永續顯然是我們這個時代會對建築造成直接衝擊的主要議題」（Weston, 2011）。

　　我所著的《藝術與生活》一書中，曾寫道：

　　1960年世界設計博覽會在東京舉行，以丹下健三爲首的幾位建築師提出了「代謝論」。這是針對未來城市的大規模計畫，爲了解決都市人口急遽暴增，有人提出海上都市、空中都市的想法。代謝論建築師認爲建築應該能隨著時間變化更替，且應該從核心生長向外蔓延，提出來的藍圖有像漂浮之島、也有像空中樓閣者。這些奇幻的城市藍圖終究並沒有全面實現（最著名的應屬黑川紀章設計的中銀艙體大樓，可視爲膠囊旅館的前身），但是與環境相融共生的意念卻保留下來了。

　　除了借大自然的力量（如風力、水力、熱能）引入我們的居室環境，利用科技開發新建材、改變營造工法，達到降低消耗能源的目的，也是許多建築師極力推動的。如黑川紀章晚年設計的東京國立新美術館，在綠意包圍下的建築外觀是波浪狀的玻璃帷幕，挑高六層樓的公共空間有自然通風與極佳採光，利用科技打造雨水回收設備。除了外觀呈波浪曲面狀，內部最顯眼的是圓錐形元素，藉由建築語彙顯現空間的豐富與壯闊，而壯麗中的小空間（如其中的藝術圖書館）由於面對中庭，更凸顯出寧靜。這中庭作爲空間與空間接連的過渡，好像人的呼吸轉換一般。

　　新科技之外，也有建築師提議找回舊工法，日本建築師隈研吾甚至認為應該從工業化走回農業化，也就是從快速完工、大量製造，回到觀察在地特色、配合自然環境。作品理念被形容為「弱建築」、「負建築」，原因就是「自然為主，建築為輔」。他喜歡用的建材有木頭、竹子、泥磚、玻璃、和紙，也曾運用日本傳統民間工藝的木條格狀連接工

隈研吾的作品理念被形容為「弱建築」、「負建築」，原因就是「自然為主，建築為輔」。他喜歡用的建材有木頭、竹子、泥磚、玻璃、和紙，也曾運用日本傳統民間工藝的木條格狀連接工法。圖為福岡太宰府天滿宮的表參道上，隈研吾設計的星巴克咖啡廳（維基百科/Karl Baron）

台灣品牌微熱山丘在東京表
參道的店鋪，隈研吾設計
（維基百科/ivva）

法，搭出了橋原木橋美術館、口腔科學博物館等建築物主體，在福岡太宰府天滿宮的表參道上，為星巴克咖啡廳設計了一幢小巧但具在地特色的分店。（蔡依雲，2014）

限研吾正是2015年底，遞補了建築師札哈・哈蒂（因預算追加太高而中止建案）成為2020年東京奧運主場館的建築設計師，他提出的設計概念為「樹木與綠的運動場館」。

至於服裝時尚界回應永續概念，雖然可以溯及六○年代

服裝時尚界回應永續概念，雖然可以溯及六○年代的嬉皮運動，但是資深時尚記者哈莉特・沃斯利認為嬉皮對主流時尚的影響極小。圖為嬉皮風格打扮的女孩

的嬉皮運動，但是資深時尚記者哈莉特‧沃斯利認爲嬉皮對
主流時尚的影響極小，也許要晚至九〇年代，與大衆消費者
對氣候變遷及其他環境議題的覺醒時刻俱進。她在《改變時
尚的100個觀念》書中舉例，1992年有高級時裝舊衣再生品
牌Second Life誕生；1995年品牌Howis成立，提供可以有效
再生的街頭服飾和用再生棉生產的T恤；1997年People Tree
公司成立，旨在與開發中國家的有機製造商合作，販賣公平
貿易及有機製造服裝和配件。許多品牌都鼓吹再生和回收衣

2016年英國時裝設計師Vivienne Westwood發表時裝秀之後，與她的丈夫一
起謝幕。Vivienne Westwood始終關心環保與其他社會議題（taniavolobueva
/ Shutterstock.com）

物，力行「從搖籃到搖籃」的原則*。

沃斯利引用了鼓吹生態保護的英國服裝設計師凱薩琳·漢耐特，於2008年說的一句話：「二十年前，沒有人會想到時尚與道德的關係。」今日看來，公平交易、有機種植、友善環境、回收再生，服裝時尚恐怕再也無法迴避這些觀念了。以這脈絡來看，現今最「潮」的觀念有一大部分來自舊時代最「土」的傳統，但我們仍要繼續形塑當代的美學風格，否則「土」還是無法融於潮流中，形成影響巨大的藝術時尚。

種植有機棉的農夫（維基百科/Oftcc）

* 簡單來說，但凡東西被製造生產出來，經過使用，無論時間長短，用到壞掉不能再用只好丟棄、變成垃圾——這是物品「從搖籃到墳墓」的既定過程。而「從搖籃到搖籃」是指，讓生產出來的所有東西用壞了之後，可以百分之百回收，零件完全再利用。不是單純「廢棄物減量」、「資源回收」而已，而是「零垃圾」。

香奈兒設計師Karl Lagerfeld，於2016年春夏款推出旅行主題，並開始呼應友善環境的時尚潮流，成效尚有待觀察（FashionStock.com / Shutterstock.com）

香奈兒經典軟呢外套，混搭街頭風，土與潮的美學翻轉融合了嗎？（FashionStock.com / Shutterstock.com）

香奈兒經典軟呢套裝與休
閒涼拖鞋的搭配
（FashionStock.com /
Shutterstock.com）

# 抵達：二十一世紀的地球村

　　從解開束腹開始，服裝的「文藝復興」才萌芽，男裝女穿、平織布當道、運動風尚、旅行裝束，這些改變的核心是「自由」，人要找回主體、找到自我；街頭、龐克、嬉皮，是為了掙脫主流賦予的形象建構，人要強化自我；拼貼、復古、挪借，則是山窮水盡還要營造奇觀，以自我為交換的現象。為了不流於俗而形塑風格，卻又演變成大眾流行，這樣的循環正說明時尚的變遷，同時也可能是文化的變遷。

　　瑪丹娜與女神卡卡，或以剛健身體線條搭配女性打扮，展現雌雄同體的意念，或以末路狂花復仇女神的情節抵拒扼殺男性（父權）支配的想法，她們都必須以自己的身體（包括聲音）為誘使大眾消費的主體。與之形似的韓國女子團體，在曝露展現身體的同時，卻未見於「媚俗」之後想挑戰「世俗」的企圖，反而加強物化女體的傾向——迷戀韓團的少男少女們，在這股韓流中，或許將往愈來愈「重視外表、展示及形象管理」趨近，終究被奇觀世界掌握住了——當然，歷來的偶像崇拜，都是把自我過渡給替代者的過程。

　　當我們進入網際網路時代以後，這樣的偶像狂歡會，既

是集體分享，也是坐在電腦前的一人私密儀式。所以，追逐韓流的大批粉絲們在真實世界中，旁人未必一眼就能辨識，倒是小眾風格文青，不知怎地，我們很容易在誠品書店、劇院、美術館、影展、華山、駁二、無印良品……見其蹤影（我們在本書最後一章談過的「土與潮」，或許可視為這兩種風格人物的可逆翻轉）。值得注意的是，當九〇年代反對過度奢侈而建立反品牌的無印良品，二十一世紀以後，在其Found Muji蒐羅世界各地手工藝品作為商品，雖然營造出回歸手工生產、重視個別文化美學的風格，然而售價卻也是生產產品來源地的數倍之多。我想說的是，如果我們馬上能判斷韓團賣給粉絲的演唱會票價、周邊商品太昂貴的話，是否也意識到符合文青品味的時尚打扮，也不能自外於市場消費的操作機制？

　　似乎，連藝術家都可以一邊批判諷刺一邊媚俗致富的同時，接受刺激的恐怕不再是大眾的思想、觀念、品味與情感，只剩荷包罷了！英國國家廣播公司BBC藝術總編輯威爾‧岡波茲在他的書中寫道：

　　村上隆是媚俗藝術的翹楚。他是徹頭徹尾的創業型藝術家，有如商學院畢業生積極擁抱商業機會般經營他的全球帝國。而且和多數當代藝術家一樣，身邊總環繞著一群圓滑的

公關人員；因爲對今天的藝術以及所有跨國企業來說，形象和品牌是最重要的。他毫不掩飾他的決心，將作品化爲商品，而此舉也是村上隆藝術的一環。……他運用全球化工具——旅行、媒體及公平貿易——展現在地性、文化獨特性的作品。村上隆表面輕浮，但實則有著審慎的政治意涵：他企圖藉此重申日本文化在世界中的地位。（威爾‧岡波茲，陳怡錚譯，2016）

我們別忽略這段話中作品等於商品的可置換性，而對我來說，村上隆視表面的輕浮與實質的政治意涵並無二致，較引起我興趣的反而是村上隆將法國LV賺走的大量日本「同胞」的錢，再反向賺回來，也算是「重申日本文化在世界中的地位」的壯舉吧？或是說，上一個世紀日本浮世繪廣泛影響了西方世界新藝術、印象派、後印象派的畫家，然而之後的日本卻漸次失去藝術創造的主體性，非得要靠村上隆以如此激烈的資本主義式操作手法才能扳回一城？

如果羅浮宮是世界藝術的聖殿，歷來膜拜與意欲拆毀的藝術家恐怕人數不相上下，而這莊嚴聖殿也非始終站在「不食人間煙火」的一側，當它於2005年啓動羅浮宮九號計畫，邀請法國漫畫家參訪並畫出羅浮宮印象，接續還邀請日本漫畫家參展，顯見其重視次文化、法國日本動漫產業。或許有

此一脈絡鋪陳，2009、2010年村上隆接續在羅浮宮與凡爾賽宮展出的大型個展，無論是贊成或反對的意見，都引起了重大矚目。這只是其中一例，另有美國通俗藝術大師傑夫‧昆恩（Jeff Koons）先村上隆一步被凡爾賽宮邀請舉行個展。傑夫‧昆恩與H&M合作、也幫女神卡卡的專輯設計封面——畫面拼貼他自己的藍色不銹鋼金屬球雕塑與波堤伽利《維納斯的誕生》，而傑夫‧昆恩為女神卡卡呈現的驚人時尚造型是「全裸」——這張專輯就叫做ARTPOP。

藝術商業化、娛樂化，本質漸漸與時尚趨近，藝術家與時尚大師的反叛與媚俗於是成為作品的一體兩面，數十年過去，安迪‧沃荷的名言仍徘徊不散："Being good in business is the most fascinating kind of art. Making money is art and working is art and good business is the best art."

台灣女作家黃麗群曾經寫過一篇短文：〈可可‧香奈兒，妳該不該回來？〉，我們不妨隨著文章假設性地提問，你的答案會是什麼呢？

假如1914年那個三十一歲（已開設兩家服裝店）的Coco來到2014將怎麼看她的「Chanel」？

它今日代表了妳當年最厭煩想擺脫的一切。不，那與風格或美學無關，拉格斐確是忠實的再譯者，但今日的黑不是昨日的黑，今日的白不是昨日的白。我想妳明白我意思：不就是因為討厭十九世紀末羽毛、魚骨裙、束腰與皮草喬張作致，妳才製造出自己想穿的、價格平易輕捷合時的毛線衫、褲裝與小黑洋裝嗎？

對了，黑色，多少年來黑色都是窮人與女工的顏色，當年那些眼紅的同代人都為此笑過妳寒酸吧，誰會想到一個以反抗「奢侈感」為起點的芽子，本心原是松柏，最後卻長成一株金枝玉葉的山茶花。把色彩與時裝從階級裡解放出來成為新的階級，我不確定那是妳一開始想要的（妳也沒想到吧），只確定這又是人類史上另一個自咬尾巴自打轉的怪圈，妳一定也知道過去三十年妳生命史裡每個最小題材與符號都已被季復一季地重利盤剝生養眾多，妳會不會吐煙圈冒出一點不耐煩而覺得無味呢？（黃麗群，2014）

我們所述說這一段伴隨著資本主義興起、循環也似無終無始的時尚風潮，難道離十九世紀人們想標榜自我、追尋自由的現代主義精神愈來愈遠了嗎？在人工智慧、3D列印無所不能的時代裡，有沒有一條新路讓人們更無拘無束地追尋藝術與時尚呢？倫敦時尚學院隸屬於歐洲規模最大的倫敦藝

術大學（UAL），2013年由Matthew Drinkwater教授創辦時尚創意部（Fashion Innovation Agency，簡稱FIA），開啓了結合學界設計師與科技產業的新頁，也就是除了電子穿戴裝置之外，時尚藝術能否有更大的發揮空間？雖然說到底，時尚作爲產業，目的還是銷量，但設若科技可以幫助設計師更趨近「永續」的目標、「落實」藝術的自由想像（例如精靈彩衣變幻色彩與亮度，其實是藉由光纖技術達成的），令人振奮的時尚新紀元也許可以自此展開。但正如Matthew Drinkwater所言：「科技產業的思考方式是比較偏向大衆的應用，但對時尚產業而言，特別是高端的精品，則是小衆的。這兩個不同的思維要結合的確是個挑戰」（許文貞採訪，2015），在工業化大量生產以後的兩百年，人們又再度面臨這個問題，我們且拭目以待。

# 參考書目

Christopher Jones（2007）。《東方藝術大觀：絲綢》。台北：協和國際多媒體。

丘彥明（2015）。《人情之美》。台北：允晨。

史考特‧費滋傑羅著，徐之野譯（2012）。《大亨小傳》。台北：新經典。

尼爾‧麥葛瑞格著，劉道捷、拾已安譯（2012）。《看得見的世界史》。台北：大是。47-57。279-284。535-542。

吉本芭娜娜著，張秋明譯（2012）。《喂！喂！下北澤》。台北：時報。

吳金桃（2007-2011）。專題研究計畫：《當代藝術與時尚贊助》。中華民國：科技部。

吳金桃（2011）。〈卡地亞皇冠上最明亮的珠寶——藝術贊助〉。今藝術，220。

吳金桃（2011）。〈路易‧威登創意基金會——香榭大道上的奇葩〉。今藝術，227。

吳金桃（2012）。中央研究院週報第1380期〈Hermès於亞洲：時尚名牌、精緻藝術和市場〉。

吳詠寰（2008）。《樂樂活——聰明又快樂的新生活風格》。台北：遠流。

李家祺（1999）。《卡莎特》。台北：藝術家。36。

村上春樹著，賴明珠譯（1998）。〈東尼瀧谷〉，《萊辛頓的幽靈》。台北：時報。

貝淡寧、艾維納‧德夏里特著，吳萬偉譯（2012）。《城市的精神》。台北：財信。335。

彼得‧柯睿耿著，王宏仁譯（2010）。《消費社會學》。台北：群學。1-2。34-42。67-89。73-110。213-216。

彼得‧蓋伊著，梁永安譯（2009）。《現代主義——異端的誘惑》。台北：立緒。23。92-123。130-131。167。172-174。183-189。283-290。

波特萊爾著，郭宏安譯（2014）。《巴黎的憂鬱》。新北，新雨。64-65。

哈莉特・沃斯利著，莊靖譯（2012）。《改變時尚的100個觀念》。
　　台北：臉譜。14-15。38-39。42-43。72-73。98-99。

姜旻枝著，李佩諭譯（2012）。《時尚的誕生》。台北：大田。224-
　　246。

埃米爾・左拉著，李雪玲譯（2013）。《婦女樂園》。台北：野人
　　文化。

班雅明著，張旭東、魏文生譯（2010）。《發達資本主義時代的抒情
　　詩人——論波特萊爾》。台北：臉譜。35。96-138。168。

張愛玲（1994）。《對照記》，台北：皇冠。88。

張愛玲（1999）。《半生緣》，台北：皇冠。

張愛玲（2009）。《小團圓》，台北：皇冠。

張愛玲（2010）。《華麗緣》。台北：皇冠。122-136。

張錯（2011）。《西洋文學術語手冊》。台北：書林。262-263。

理查・魏斯頓著，吳莉君譯（2012）。《改變建築的100個觀念》。
　　台北：臉譜。126。194-195。196-197。

許甄倚（2012）。〈平凡中的非凡：吳爾芙的日常生活書寫與瑣碎
　　政治〉，《英美文學評論第20期：創傷與文學書寫》。台北：
　　書林。

鹿島茂著，吳怡文譯（2013）。《明天是舞會》。台北：如果。62-
　　85。126-144。38-50。

鹿島茂著，林佩儀譯（2009）。《巴黎夢幻拱廊街》。台北：麥田。
　　9-32。129-155。

彭怡平（2013，8月20日）。〈雷諾瓦與女人們——上〉。自由時
　　報，副刊。

費爾南・布勞岱爾著，施康強、顧良譯（2012）。《15至18世紀的物
　　質文明、經濟和資本主義》。台北：遠足文化。301-325。

辜振豐（2011）。《歐洲摩登——美感與速度的現代記憶》。北京：
　　生活・讀書・新知三聯。12-15。16-21。22-27。

廖桂賢（2009）。《好城市，怎樣都要住下來》台北：野人文化。
　　70-75。

漢寶德（2006）。《漢寶德談藝術教育》。台北：典藏藝術家庭出版。96-119。

劉黎兒（2011）。《日本現在進行式》。台北：時報。258-260。

蔡依雲（2014）。《藝術與生活I視覺藝術篇》。台北：五南。82-84。

蔡明宇（2007）。交通大學教學發展中心超薄型月刊創刊號〈中央研究院院士李歐梵先生5月14日於外文系演講「班雅明的拱廊計畫」節錄〉。

蔣勳（2014）。《美的沉思》。湖南長沙：湖南美術。66-109。

盧亞聖（2015年11月30日）。〈當時尚邂逅藝術：從香奈兒到林明弘〉。全球華人藝術網。

羅婉儀（2013）。《穿越世紀的情書：寫給巴黎藝術家的21封信》。台北：南方家園。69-75。93-99。

# 主要創作來源

## 本專書之主要創作來源為科技部補助之人文及社會科學專題研究計畫研究成果

| 計畫年度 | 主持人 | 執行機構 | 計畫名稱 |
| --- | --- | --- | --- |
| 94 | 吳金桃 | 中央研究院歐美研究所 | 跨國雙年展機制和離散藝術家的興起 |
| 95 | 吳金桃 | 中央研究院歐美研究所 | 跨國雙年展機制與藝術全球化 |
| 96 | 吳金桃 | 中央研究院歐美研究所 | 當代藝術與時尚贊助 |
| 102 | 吳金桃 | 中央研究院歐美研究所 | 當代藝術變色龍：一個雙年展的觀點 |

延伸閱讀

## 一、藝術概論與社會研究及計畫期刊

尼爾・麥葛瑞格著，劉道捷、拾已安譯（2012）。《看得見的世界史》。台北：大是。

吳金桃（2007-2011）。專題研究計畫：《當代藝術與時尚贊助》。中華民國：科技部。

吳金桃（2011）。〈卡地亞皇冠上最明亮的珠寶—藝術贊助〉。今藝術。

吳金桃（2011）。〈路易・威登創意基金會—香榭大道上的奇葩〉。今藝術。

吳金桃（2012）。中央研究院週報第1380期〈HERMÈS於亞洲：時尚名牌、精緻藝術和市場〉。

彼得・柯睿耿著，王宏仁譯（2010）。《消費社會學》。台北：群學。

彼得・蓋伊著，梁永安譯（2009）。《現代主義——異端的誘惑》。台北：立緒。

威爾・岡波茲著，陳怡錚譯（2016）。《現代藝術的故事》。台北：大是。

班雅明著，張旭東、魏文生譯（2010）。《發達資本主義時代的抒情詩人——論波特萊爾》。台北：臉譜。

費爾南・布勞岱爾著，施康強、顧良譯（2012）。《15至18世紀的物質文明、經濟和資本主義》。台北：遠足文化。

漢寶德（2006）。《漢寶德談藝術教育》。台北：典藏藝術家庭出版。

蔡依雲（2014）。《藝術與生活I視覺藝術篇》。台北：五南。

蔣勳（2014）。《美的沉思》。湖南長沙：湖南美術。

## 二、藝術與時尚文化研究及隨筆散文

日本雜學研究會著，張佳雯譯（2005）。《名牌趣味小事典》。台北：如何。

哈莉特・沃斯利著，莊靖譯（2012）。《改變時尚的100個觀念》。台北：臉譜。

姜旻枝著，李佩諭譯（2012）。《時尚的誕生》。台北：大田。

姜旻枝著，黃筱筠譯（2015）。《時尚經典的誕生》。台北：大田。

張愛玲（1994）。《對照記》，台北：皇冠。
張愛玲（2010）。《華麗緣》。台北：皇冠。
理查·魏斯頓著，吳莉君譯（2012）。《改變建築的100個觀念》。台北：臉譜。
鹿島茂著，吳怡文譯（2013）。《明天是舞會》。台北：如果。
鹿島茂著，林佩儀譯（2009）。《巴黎夢幻拱廊街》。台北：麥田。
辜振豐（2011）。《歐洲摩登──美感與速度的現代記憶》。北京：生活.讀書.新知三聯。
廖桂賢（2009）。《好城市，怎樣都要住下來》台北：野人文化。
羅婉儀（2013）。《穿越世紀的情書：寫給巴黎藝術家的21封信》。台北：南方家園。

## 三、小說

史考特·費滋傑羅著，徐之野譯（2012）。《大亨小傳》。台北：新經典。
吉本芭娜娜著，張秋明譯（2012）。《喂！喂！下北澤》。台北：時報。
村上春樹著，賴明珠譯（1998）。〈東尼瀧谷〉，《萊辛頓的幽靈》。台北：時報。
雨果著，李玉民譯（2013）。《悲慘世界》。台北：遠足文化。
埃米爾·左拉著，李雪玲譯（2013）。《婦女樂園》。台北：野人文化。
張愛玲（1999）。《半生緣》，台北：皇冠。
張愛玲（2009）。《小團圓》，台北：皇冠。

## 四、網路及影音資料

Christopher Jones (2007)。《東方藝術大觀：絲綢》。台北：協和國際多媒體。
http://prada-transformer.com/
http://www.chanel-mobileart.com/
https://www.youtube.com/watch?v=7HpRsbQp3E8

國家圖書館出版品預行編目資料

迷戀時光：時尚與藝術／蔡依雲著. －－初
版. －－臺北市：五南, 2017.04
　面；　公分. --
ISBN 978-957-11-8960-4(平裝)
1.時尚　2.藝術社會學
541.85　　　　　　　　　105023189

8V0A

# 迷戀時光──**時尚與藝術**

作　　者— 蔡依雲

發 行 人— 楊榮川

副總編輯— 蘇美嬌

實習編輯— 龍品涵

封面設計— 柳佳璋

圖片來源— IDJ圖庫、維基百科

出 版 者— 五南圖書出版股份有限公司

地　　址：106台北市大安區和平東路二段339號4

電　　話：(02)2705-5066　　傳　　真：(02)2706-6

網　　址：http://www.wunan.com.tw

電子郵件：wunan@wunan.com.tw

劃撥帳號：01068953

戶　　名：五南圖書出版股份有限公司

法律顧問　林勝安律師事務所　林勝安律師

出版日期　2017年2月初版一刷
　　　　　 2017年4月初版二刷

定　　價　新臺幣360元